Lidia Costamagna

Pronunciare l'italiano

Manuale di pronuncia italiana per stranieri
Livello intermedio e avanzato

Guerra Edizioni

© Copyright 1996, Guerra Edizioni, Perugia
ISBN 88-7715-220-6

Disegni: Donatella Marri, Ulderico Sbarra
Copertina: Ulderico Sbarra

5.   4.   3.   2.
2006 **2005** **2004**

Presentazione

L'insegnamento di una lingua deve prevedere, com'è noto, una particolare attenzione anche per l'aspetto fonetico e fonologico. L'acquisizione di un suono inesistente nella propria L1, di suoni leggermente diversi da quelli posseduti, o di opposizioni fonologiche nuove, necessita di esercitazioni specifiche che focalizzino i problemi esistenti e aiutino gli studenti a prendere consapevolezza delle proprie difficoltà, a sviluppare la capacità di discriminare i suoni e acquisire il controllo dei propri organi fonatori per imitare in modo adeguato.
La stessa attenzione va dedicata anche alla prosodia della lingua con esercitazioni sull'accento, sul ritmo e sull'intonazione.

Questo testo nasce da anni di esperienza nell'insegnamento della pronuncia dell'italiano in classi multilingue. È frutto di un lungo lavoro svolto sull'analisi degli errori e sull'individuazione di efficaci strategie di correzione sperimentate e affinate in classe e nel laboratorio linguistico.

Il manuale è rivolto a studenti adolescenti e adulti ormai giunti a un livello intermedio e avanzato dello studio della lingua, ma molte esercitazioni possono essere svolte anche da studenti di livello elementare. È composto da un'unità introduttiva e da 48 unità a loro volta suddivise, in due sezioni: una per i suoni vocalici e una per i suoni consonantici. Unisce a una base teorica facilitata, per necessità, una grande quantità di esercitazioni pratiche.
Ogni unità ha come argomento principale un suono dell'italiano o due suoni tra di loro in opposizione.

Può essere utilizzato in classe con l'aiuto dell'insegnante, nel laboratorio linguistico o da studenti autodidatti, anche senza seguire la progressione numerica delle unità. È possibile, infatti, accedere in qualsiasi punto del testo senza pregiudicarne l'utilizzo, permettendo così di esercitare maggiormente quei suoni e quelle strutture prosodiche che procurano particolari e specifiche difficoltà.

Struttura del manuale

Ogni unità che tratta un singolo suono prevede attività diversificate per praticarlo.
Nella prima parte si propone l'**imitazione** di alcune parole che contengono il suono in esame, illustrate da immagini destinate ad aiutare lo studente a capire e a rendere la pratica più interessante e piacevole. Lo studente ha anche il modo di osservare la figura dell'apparato fonatorio e delle labbra nella quale viene rappresentata l'articolazione necessaria alla realizzazione del suono. Le istruzioni spiegano in dettaglio, ma senza entrare troppo negli aspetti teorici, il modo più efficace per raggiungere la pronuncia del suono. La terminologia relativa all'apparato fonatorio è spiegata, attraverso le immagini, in due sezioni separate: una, prima dei suoni vocalici, e l'altra, prima dei suoni consonantici.

Segue, nella maggior parte delle unità, un **dialogo** che contiene alcune parole con il suono trattato. Il dialogo appositamente costruito, tratta situazioni reali in contesti colloquiali e quindi con forme linguistiche frequenti nel linguaggio della vita di tutti i giorni. Il lavoro sul dialogo prevede una particolare riflessione sui tratti prosodici della lingua (accento, pause, enfasi, intonazione) con esercitazioni pratiche guidate.

Ogni unità prevede attività di **conversazione**. Non si tratta di conversazione libe-

5

ra, ma è un invito all'uso di strutture comunicative frequenti nella lingua parlata, in attività di gruppo o in coppia. In questo modo lo studente, oltre che sentirsi motivato a imparare la pronuncia del suono, sente di farlo in una situazione comunicativa reale che lo rende più consapevole e lo stimola a sforzarsi e a utilizzare ciò che ha appreso in classe, nella conversazione spontanea quotidiana.

Perché l'acquisizione dell'aspetto fonetico e fonologico della lingua sia sinergico con l'acquisizione dell'aspetto grammaticale e lessicale, ci sono le sezioni **suoni e grammatica e suoni e vocabolario**, con esercizi che contengono il suono interessato.

Nella maggior parte delle unità è prevista una sezione **intervallo** nella quale vengono proposti giochi da svolgere in coppia, in gruppo o anche da soli che aiutano gli apprendenti a sostenere il proprio lavoro con interesse.

La maggior parte dei giochi è di tipo cooperativo e non competitivo dal momento che questi richiedono, di solito, una velocità di esecuzione poco adatta a esercitazioni linguistiche.

La seconda parte dell'unità, **pronuncia e grafia**, offre la possibilità di riflettere sul rapporto tra la pronuncia e la scrittura e fornisce poche regole fondamentali per perfezionare e apprendere anche l'ortografia dell'italiano.

Alcune esercitazioni di questa sezione prevedono l'uso della trascrizione fonetica. Sono stati adottati i simboli dell'alfabeto fonetico internazionale (IPA).

Nulla da temere! In fin dei conti i simboli "strani" per l'italiano sono davvero pochi e una volta appresi, rendono più semplice il lavoro sulla pronuncia e soprattutto aiutano a prendere consapevolezza del fatto che la lingua scritta e quella orale sono due realtà da tenere ben distinte.

La pratica ha dimostrato che anche studenti ai primi livelli di apprendimento della lingua, prendendo confidenza con la trascrizione fonetica, diventano più sicuri e attenti nella correzione e nell'acquisizione dei suoni.

In alcune unità esiste anche la sezione **pubblicità**. Le esercitazioni si basano sull'ascolto di annunci pubblicitari radiofonici opportunamente selezionati per rispondere alle necessità della didassi e in particolare dell'unità di cui fanno parte.

L'annuncio pubblicitario attrae l'interesse degli studenti per il suo carattere ludico e allo stesso tempo è un testo autentico adatto all'uso didattico, specie per l'aspetto fonetico della lingua. La pronuncia degli attori, generalmente, è quella dell'italiano standard e la loro interpretazione dei testi offre la possibilità di lavorare con opportune esercitazioni, sui suoni, sull'accento, sul ritmo e sull'intonazione.

Le unità che trattano un'opposizione fonologica come ad esempio /t d/ o /p b/ hanno uno svolgimento diverso dalle altre. La prima parte dell'unità, infatti, è dedicata alla discriminazione e all'identificazione dei suoni in opposizione.

I test di riconoscimento, registrati su cassetta, utilizzano parole senza senso, vale a dire parole inventate, che non esistono in italiano ma che ne rispettano la sua struttura sillabica.

L'utilizzo di parole inestistenti è determinato dai vantaggi che si hanno dal punto di vista didattico e dell'apprendimento. Durante queste esercitazioni, infatti, gli studenti si concentrano solo su ciò che stanno ascoltando senza far ricorso né al significato né alla scrittura che rappresenta la parola.

Lo svolgimento di queste unità prosegue con la stessa sequenza delle altre.

Il manuale è corredato da un set di audiocassette che contengono le registrazioni dei dialoghi, delle esercitazioni e degli annunci pubblicitari e sono tutte contrassegnate dal simbolo 🔲 Possono essere utilizzate in classe, nel laboratorio linguistico o da studenti autodidatti con un semplice registratore.

Unito al testo viene fornito un mazzo di carte. Ogni carta corrisponde a un suono, rappresentato da un lato, dal simbolo fonetico e dalle figure del viso e delle labbra, e dall'altro, dal disegno che illustra la parola che contiene quel suono.

Le carte possono essere utilizzate nelle attività ludiche o anche solo per aiutare a ricordare i simboli fonetici o a riconoscere il suono dalle figure che ne rappresentano l'articolazione.

Si possono prevedere diverse attività, da svolgere in classe o da soli.

Alcuni suggerimenti sull'uso delle carte in classe compariranno nella guida per l'insegnante.

Le **chiavi**, allegate al libro, contengono le soluzioni degli esercizi e la scrittura delle parole senza senso, altrimenti solo registrate su cassetta.

La **guida per l'insegnante** prevede indicazioni metodologiche e suggerimenti d'uso del materiale didattico.

Alcuni suggerimenti per gli studenti

Questo libro serve per aiutarvi a riconoscere e pronunciare in maniera adeguata i suoni dell'italiano e a farvi apprendere l'intonazione della lingua.

Cercate di lavorare con disciplina, ogni vostro sforzo avrà un risultato positivo sull'apprendimento della lingua.

Ci sono tanti esercizi a vostra disposizione, alcuni sono anche divertenti. Quando li farete vi renderete conto che non vi state esercitando solo sui suoni, ma anche sull'accento, sul ritmo, sull'intonazione e che quanto appreso dal materiale utilizzato vi sarà utile, poi, nella comunicazione reale.

Non dovete usare il libro dalla prima all'ultima pagina, ma scegliere i suoni che vi sembrano più difficoltosi. Potete fare esercizi, in una stessa volta, sia sulle vocali che sulle consonanti.

Dopo l'unità 48 ci sono delle frasi che trovate registrate su cassetta, provate a verificare quali sono i suoni più difficili per voi.

Tutti gli esercizi con il simbolo 🔊 sono registrati su cassetta. Il simbolo ⊸ indica, invece, le soluzioni degli esercizi (allegate al libro).

Ascoltate le registrazioni delle cassette e cercate sempre di imitare in maniera corretta e di controllare la vostra pronuncia e intonazione.

Se avete la possibilità, usate due piccoli registratori. Nel registratore n. 1 mettete una cassetta pulita, nel registratore n. 2 mettete la cassetta del libro.

Quando volete ripetere le frasi che compongono il dialogo o le frasi degli esercizi fatelo in questo modo:

Registratore n. 1: premete *record*.

Registratore n. 2: premete *play* e ascoltate la cassetta di *Pronunciare l'italiano*. Fermate la cassetta dopo ogni frase e ripetete a voce alta.

In questo modo nella cassetta del registratore n. 1 si registrerà sia il contenuto della cassetta *Pronunciare l'italiano* che la vostra voce. Ascoltate quello che avete detto. Controllate con attenzione tutto quello che avete detto e mettetelo a confronto con quello registrato sulle cassette che accompagnano il libro. Cercate di essere molto attenti e di sviluppare un senso di autocritica. In questo modo il vostro "orecchio" si svilupperà sempre di più e vi aiuterà a superare le difficoltà.

Non dovete avere paura delle parole senza senso. Vi aiutano a riconoscere meglio i suoni senza pensare al significato e alla scrittura delle parole.

Se non la conoscete, non dovete avere paura neanche della trascrizione fonetica. I simboli "strani" sono pochi e facili da imparare. Usate le carte che sono insieme al libro, in poco tempo non avrete più problemi.

La trascrizione fonetica è utile e vi indica quello che la scrittura normale non vi dice. Vi aiuta a raggiungere meglio dei buoni risultati. Non dimenticate che l'alfabeto fonetico internazionale vi servirà per qualsiasi lingua straniera studierete.

* * *

Vorrei esprimere la mia sentita riconoscenza e gratitudine a Luciano Canepari per i suoi preziosi suggerimenti e per essere stato per me un punto di riferimento significativo. Lo ringrazio, tra l'altro, anche per avermi fornito i disegni degli spaccati sagittali che compaiono all'inizio di ogni unità. Ogni eventuale imprecisione, dovuta alla rielaborazione delle immagini, ricade naturalmente su di me.

Sono grata alle colleghe Filomena Laterza e Valeria Ventura per il valido aiuto offerto nella sperimentazione del materiale sia in classe che nel laboratorio linguistico.

Un ringraziamento va agli studenti dei corsi di Fonetica e fonologia dell'Università per Stranieri di Perugia che hanno funzionato da "cavie" durante la sperimentazione di tutto il materiale.

Lettera	Nome	Suono	Parola
a A	[a]	[a]	amore
b B	[bi]	[b]	bello
c C	[tʃi]	[tʃ]	cena, cinema, bacio
		[k]	cane, come, cubo, **chi**, **che**
d D	[di]	[d]	due
e E	[e]	[e]	sera
		[ɛ]	ecco
f F	['ɛffe]	[f]	finestra
g G	[dʒi]	[dʒ]	gente, giro, già
		[g]	gallo, agosto, gusto, la**ghi**, lun**ghe**
h H	['akka]		
i I	[i]	[i]	italiano
		[j]	fiore
l L	['ɛlle]	[l]	libro
		[ḷ]	calcio
m M	['ɛmme]	[m]	mai
n N	['ɛnne]	[n]	nome
		[ɲ]	vincere
		[ŋ]	banca
		[ɱ]	inverno
o O	[ɔ]	[o]	onda
		[ɔ]	otto
p P	[pi]	[p]	pane
q Q	[ku]	[k]	quello
r R	['ɛrre]	[r]	rosso
		[ɾ]	fare
s S	['ɛsse]	[s]	solo
		[z]	rosa
t T	[ti]	[t]	telefono
u U	[u]	[u]	uno
		[w]	uovo
v V	[vu/vi]	[v]	vino
z Z	['dzɛta]	[ts]	pizza
		[dz]	zero
sc Sc (e, i)		[ʃ]	uscire
gl Gl (i)		[ʎ]	foglio
gn Gn		[ɲ]	legno

Lettere straniere

Lettera	Nome	Suono	Parola
j J	[il'lunga]	[j dʒ ʒ]	Jacopo, jazz (inglese), bijou (francese)
k K	['kappa]	[k]	kitsch (tedesco)
w W	[doppjav'vu]	[v w]	Walter, whisky (inglese)
x X	[iks]		taxi
y Y	['ipsilɔn/ ig'grɛka]	[i j]	Tony, yogurt

1. La trascrizione fonetica è molto importante perché ci aiuta a pronunciare le parole in modo corretto. Quando scriviamo in trascrizione fonetica, scriviamo quello che effettivamente sentiamo.
   Mezzo e *pizza* si scrivono con due *z*. La pronuncia che corrisponde alle due *z* è diversa nelle due parole e la trascrizione fonetica ce lo dice: ['mɛdzːdzo] ['pitsːtsa]. Prendete le carte che accompagnano il libro. Guardate le figure e il simbolo fonetico, dite qual è, secondo voi, la parola illustrata.

2. 🔲 Ascoltate le parole e scrivete qual è il suono iniziale di ognuna, scegliendo tra quelli dati tra parentesi quadrate.

   [k t∫ t s v ∫ d dz j o ɔ f]

   1.__ 2.__ 3.__ 4. __ 5. __ 6. __ 7.__ 8. __ 9. __ 10. __ 11. __ 12. __ 🔑

3. 🔲 Ascoltate le parole e, aiutandovi con le carte, scrivete in trascrizione fonetica il suono della lettera in neretto.

1. **s**tazione	[ ]	2. sa**b**ato	[ ]	3. **v**iso	[ ]	4. **c**ena	[ ]
5. **s**ole	[ ]	6. **m**ano	[ ]	7. **n**ome	[ ]	8. co**gn**ome	[ ]
9. pe**sc**e	[ ]	10. fi**gl**io	[ ]	11. **b**ene	[ ]	12. a**nn**o	[ ]
13. **t**u	[ ]	14. **i**o	[ ]	15. **v**ero	[ ]	16. scen**d**o	[ ]

   🔑

4. 🔲 Ascoltate le parole e segnate con una ✗ le risposte sbagliate, la prima è già fatta.

1. *ci*nema	[∫i] ✗		7. la*sci*are	[sk]
2. *sc*atola	[sk]		8. ma*l*e	[l]
3. *qu*esto	[kv]		9. *gia*llo	[dʒia]
4. *chi*	[ki]		10. *v*ero	[f]
5. *sb*aglio	[zb]			
6. *ge*nere	[gɛ]		🔑	

Intervallo

1. Lavorate in coppia (A e B). **A** mostra una carta a **B** e chiede: *"dimmi una parola che contiene questo suono?"* oppure: *"dimmi una parola che comincia con questo suono?"* B risponde.

2. Mettete in ordine i suoni per formare delle parole. Scrivetele, in modo corretto, in trascrizione fonetica aggiungendo l'accento ['] prima della sillaba accentata.

   numeri: [rentta]   [idit∫se]   [t∫ɔdiott]   [ueditnev]   [nataesss]

   ['trenta] _____

persone: [rgatsatso]   [rfalloɛt]   [ɛllasor]   [amamm]   [tuendtɛs]

cose: [ennap]   [atimta]   [iblro]   [ɛjasd]   [adɛrnowk]

━━●

3. Formate delle parole unendo i suoni della colonna 1 a quelli della colonna 2 e 3 (solo per alcune parole) e scrivetele in caratteri normali.

1.	2.	3.	
skri	ʤe	re	1._____
lɛʤ	ve	re	2._____
ɛs	se	te	3._____
me	la	na	4._____
skwɔ	la	re	5._____
stu	dɛn		6._____
fjo	ri		7._____
fɔ	to		8._____
mak	ki		9._____

━━●

Lettere

1. Osservate la carta geografica e lavorate in coppia (A e B). A dice un paese scegliendolo dalla lista. B dice la sigla corrispondente (secondo l'alfabeto italiano), leggendola dalla carta geografica.

Es.: **A:** Albania
    B: [a ɛlle] (AL)

Albanìa	Lituània
Algerìa	Lussembùrgo
Àustria	Macedònia
Bèlgio	Maròcco
Bielorùssia	Norvègia
Bòsnia - Erzegòvina	Olànda
Bulgarìa	Polònia
Croàzia	Portogàllo
Danimàrca	Repùbblica Cèca
Estònia	Romanìa
Finlàndia	Rùssia
Frància	Sèrbia
Germània	Slovàcchia
Gran Bretàgna	Slovènia
Grècia	Spàgna
Itàlia	Svèzia
Irlànda	Svìzzera
Islànda	Tunisìa
Lettònia	Turchìa
Lìechtenstein	Ucraìna
	Ungherìa

2. Leggete la seguente conversazione in coppia (A e B).

A: Come ti chiami?
B: Susanna Angelini.
A: Come scusa? Come si scrive?
B: esse- u-esse-a-doppia enne-a.
    a-enne-gi-e-elle-i-enne-i.
    E tu come ti chiami?
A: Andreas Schmitt.
B: Scusa, come si scrive?
A: a-enne-di-erre-e-a-esse
    esse-ci-acca-emme-i-doppia ti-

3. Provate a fare la stessa cosa con i vostri nomi e cognomi.

A: Come ti chiami?

B: _____

A: Come scusa? Come si scrive?

B: _____, e tu come ti chiami?

A: _____

B: Scusa, come si scrive?

A: _____

4. Mettete in ordine alfabetico le seguenti parole.

1. lunedì, quindici, bocca, latte, numero, scuola, sbaglio, gatto, vita, cappello.

2. amare, alto, anche, amico, anno, ancora, amica, andare, addio, arrivederci.

5. Quale delle seguenti parole contiene il suono tra parentesi?

[tʃ] 1. cane, vicino, lasciare.   [w] 2. quaderno, colore, tutto.
[dʒ] 3. gatto, grande, giallo   [ʃ] 4. borsa, cassetto, conoscere.
[ɲ] 5. cognome, figlio, anno.   [ʎ] 6. moglie, capelli, legno.
[ts] 7. marzo, corso, sette.   [dz] 8. zucchero, sbaglio, sapere.
[j] 9. vivere, dieci, mani.   [z] 10. sale, penso, sbaglio.   —●

6. Scrivete in caratteri normali le seguenti parole.

1. [ˈsjamo]   2. [ˈklasse]   3. [ventiˈkwattro]   4. [ˈbwɔno]

_____

5. [fiˈnɛstra]   6. [dʒorˈnale]   7. [ˈtʃinema]   8. [ˈdzɛta]

_____

9. [laˈvoro]   10. [ˈsɛntsa]

_____

—●

Intervallo

1. Lavorate in coppia (A e B). **A** dice una parola (lettera per lettera) a B. **B** scrive la parola e la legge. **A** dice se la parola è giusta.

A: *pi- a- elle- elle- o- enne- e.*
B: *pallone.*

2. Lavorate in coppia (A e B). **A** cerca nel dizionario una parola poco conosciuta e la pronuncia. **B** scrive la parola. Insieme controllano se la parola è giusta.

Dialogo   **Al telefono**

1. Leggete il dialogo   **A:** Buonasera, Agenzia di viaggio.
in coppia (A e B).   **B:** Buonasera, sono Moneti, vorrei sapere se il mio
                                 biglietto è pronto.
                             A: Subito, mi ripete il suo nome.
                             B: Moneti.
                             A: Banetti?
                             B: No, M come Milano.

A: Manetti.

B: No. Milano, Otranto, Napoli, Empoli, Torino, Imola.

A: La ringrazio, ora controllo...sì, è pronto.

B: Bene, verrò stasera.

2. Ora indicate le lettere che compongono le parole: **1.** *Armàni* **2.** *Ferràri* **3.** *Lòren* **4.** *Pavaròtti* **5.** *Valentìno* **6.** *Versàce* attraverso i nomi sotto elencati.

A	Ancóna
B	Bológna
C	Còmo
D	Domodòssola
E	Èmpoli
F	Firènze
G	Gènova
H	Hotèl
I	Ìmola
J	Jèrsey ['ʤɛrsi]
K	Kùrsaal ['kursal]
L	Livórno
M	Milàno
N	Nàpoli
O	Òtranto
P	Pàdova
Q	Quàrto
R	Róma
S	Savóna
T	Torìno
U	Ùdine
V	Venèzia
W	Washington ['wɔʃʃinton]
X	Xères [k'sɛres]
Y	Yacht ['jɔt]
Z	Zara ['dzara]

1. Armàni: Ancóna, ...

Accento 🔲

1. Ascoltate e sottolineate con un trattino la sillaba che ha un accento più forte delle altre sillabe.

Albero

1. finestra	2. tavolo	3. camminare	4. piccolo
5. abito	6. difficile	7. zucchero	8. povero
9. bambino	10. macchina	11. semplice	12. essere

Riascoltate. Fermate la cassetta dopo ogni parola e ripetete.

2. Ascoltate le parole e controllate la posizione dell'accento e della durata. Il segno ['] indica l'accento e si scrive prima della sillaba accentata. Il segno [:] si scrive dopo della sillaba accentata e indicata la durata. La sillaba seguìta da [:] è più lunga del normale.

1. [mo'dɛr:no]	[va'kan:tsa]	[do'ma:ni]	['kwa:le]	[ma'ti:ta]
2. [s'ka:tola]	['li:bero]	['nu:mero]	['mu:zika]	['ka:mera]
3. [kaf'fɛ]	[per'ke]	[lune'di]	[pa'pa]	[veri'ta]

Perché le parole indicate con il numero 3 non hanno il segno [:]?
Leggete tutte le parole facendo attenzione alla posizione dell'accento.

L'accento in italiano si scrive quando la vocale accentata è quella finale di parola:

caffè, perché, lunedì, papà, verità.

Durata 🔲

1. Ascoltate e sottolineate con un trattino quali sono i suoni lunghi in queste parole.

salire, facile, medico, credere, ripetere, studiare, dodici. ➡●

Sillaba

1. 🔲 Riascoltate le parole dell'esercizio n. 1 sull'accento e dividetele in sillabe come nell'esempio.

['al:bero]   al – be – ro   ● indicata la sillaba accentata.
　　　　　　 ●   •   •

1. [fi'nɛːtra]   2. ['taːvolo]   3. [kammi'naːre]   4. ['pik:kolo]
5. ['aːbito]   6. [dif'fiːtʃile]   7. ['dzuk:kero]   8. ['pɔːvero]
9. [bam'biːno]   10. ['mak:kina]   11. ['sem:plitʃe]   12. ['ɛs:sere]   ➝●

2. Leggete le parole e scrivete di quante sillabe sono composte.

1. straniero ___3___   2. ripetere _____   3. professione _____

4. buongiorno _____   5. passare _____   6. pomeriggio _____

7. quaderno _____   8. telefonare _____   9. primavera _____

➝●

3. Correggete la divisione in sillabe delle seguenti parole. In ogni parola c'è un errore.

1. [a-spet-ta-re] _____   2. [pens-are] _____   3. [ba-nka] _____

4. [e-sta-te] _____   5. [lav-ora-re] _____   6. [ad-ɛs-so] _____

➝●

Accento di parola   🖭

1. Ascoltate e sottolineate la parola che secondo voi è in rilievo, nelle risposte.

Che cosa vuoi di frutta?
Una pera *matura*.

1. Che cosa prendi? Un caffè macchiato.
2. Che cosa bevi? Una birra fredda.
3. Che cosa desidera? Un vestito rosso.
4. Che cosa vuoi? Una macchina nuova.   ➝●

Enfasi   🖭

1. Anna dice a un amico: *"Vivo qui da poco"* e il suo amico chiede: *"Vivi qui da molti anni?"* Anna ripete: *"Vivo qui da poco"*. Anna ha pronunciato le parole **da poco** con più forza e più altezza di tono per far capire al suo amico che non "vive qui da molti anni, ma da poco tempo".

Ascoltate e rispondete alle domande.

1. Parlo con una mia amica e dico che studio l'italiano da due mesi. La mia amica fa una domanda e io ripeto: *"Studio **l'italiano da due mesi**"*. Che cosa mi ha chiesto la mia amica?

   a) Studi l'inglese da due mesi?
   b) Studi l'italiano da un mese?
   c) Studi l'italiano da due anni?

2. Sono in classe e dico a un mio amico che ho comprato un libro di fantascienza. Il mio amico fa una domanda e io ripeto: "**Ho comprato** un libro di
   fantascienza". Che cosa mi ha chiesto il mio amico?

   a) Hai letto un libro di fantascienza?
   b) Hai comprato un film di fantascienza?
   c) Hai comprato un libro d'amore?

3. Aspetto l'autobus e dico a una persona che ho perso l'autobus delle cinque.
   La persona fa una domanda e io ripeto: "*Ho perso l'**autobus** delle cinque*".
   Che cosa mi ha chiesto la persona?

   a) Aspetta l'autobus delle cinque?
   b) Ha perso il treno delle cinque?
   c) Ha perso l'autobus delle sei?

2. Leggete le seguenti frasi mettendo l'enfasi sulle parole in corsivo.

   1. Studio *l'italiano* da due mesi.
   2. Studio l'italiano da *due* mesi.
   3. Studio l'italiano da due *mesi*.

   1. *Ho comprato* un libro di fantascienza.
   2. Ho comprato *un libro* di fantascienza.
   3. Ho comprato un libro di *fantascienza*

   1. *Ho perso* l'autobus delle cinque.
   2. Ho perso *l'autobus* delle cinque.
   3. Ho perso l'autobus *delle cinque*.

Unità introduttiva

1. Ascoltate le frasi e indicate con una ✗ se il tono alla fine della frase sale o scende.

	A	**B**
1.	☐	☐
2.	☐	☐
3.	☐	☐
4.	☐	☐
5.	☐	☐
6.	☐	☐

Controllate le vostre risposte. ➔●

Ora riascoltate le frasi e ripetetele guardando lo schema a cui appartengono.

2. Ascoltate le frasi e dite se il tono alla fine della frase sale o scende.

	A	**B**
1.	☐	☐
2.	☐	☐
3.	☐	☐
4.	☐	☐
5.	☐	☐
6.	☐	☐

Controllate le vostre risposte. ➔●

Ora riascoltate le frasi e ripetetele guardando lo schema a cui appartengono.
Avete notato che le domande a cui si risponde *sì* o *no* hanno una tonalità finale che sale?

3. Sentirete due domande per ogni numero. Indicate con una ✗ quando sentite che due domande hanno la stessa tonalità finale.

1. ☐   2. ☐   3. ☐   4. ☐   5. ☐

Controllate le vostre risposte. ➔●

4. Le domande che avete sentito nell'esercizio n. 3 cominciano tutte con (*chi, dove, che, quando, quanto),* sono domande parziali. Quando le domande parziali sono informali (dirette), la tonalità finale scende verso il basso. Ascoltate e ripetete le frasi dette in un contesto familiare.

1. Chi è quello?
2. Dove abita?
3. Che ore sono?
4. Quando parte l'autobus?
5. Quanto costa?

Ora ascolterete le stesse domande, ma con una tonalità finale che non scende in basso, ma è media. Ripetetele controllando l'intonazione. Queste domande vengono usate in un contesto meno informale e sono meno dirette.

1. Chi è quello?
2. Dove abita?
3. Che ore sono?
4. Quando parte l'autobus?
5. Quanto costa?

5. Tutte le domande che si fanno in italiano si riconoscono già dall'inizio della frase perché il tono è più alto.
Ascoltate le frasi e indicate con una ✗ quando sentite una domanda.

1. ☐   2. ☐   3. ☐   4. ☐
5. ☐   6. ☐   7. ☐   8. ☐

Controllate le vostre risposte. ━●

Ora ascoltate e ripetete le domande.

6. Ascoltate la domanda: *"Chi è quello?"* Il tono è più alto all'inizio e alla fine della domanda. Facciamo questo tipo di domanda, quando non abbiamo capito la risposta.
Ora ascoltate le domande e ripetete con la stessa intonazione.

1. Dove abita?
2. Che ore sono?
3. Quando parte l'autobus?
4. Quanto costa?
5. Cosa hai detto?
6. Dove vai?

7. Nelle frasi esclamative o negli ordini, il tono è più alto all'inizio e scende alla fine. *"Andiamo al cinema!"*
Ascoltate e indicate con una ✗ quando sentite una frase con il tono più alto all'inizio.

1. ☐ 2. ☐ 3. ☐ 4. ☐
5. ☐ 6. ☐ 7. ☐ 8. ☐

Controllate le vostre risposte. ➤
Ora riascoltate e ripetete le frasi.

8. Ascoltate le frasi e indicate con una ✗ a quale dei tre schemi corrisponde il tono della parte finale della frase.

A   B   C

1. ☐   ☐   ☐
2. ☐   ☐   ☐
3. ☐   ☐   ☐
4. ☐   ☐   ☐
5. ☐   ☐   ☐
6. ☐   ☐   ☐
7. ☐   ☐   ☐
8. ☐   ☐   ☐

Controllate le vostre risposte. ➤

9. Sentirete per ogni numero due parole pronunciate in modo diverso. Cosa cambia nella pronuncia di queste parole? La durata, l'accento o l'intonazione? Indicatelo con una ✗.

durata   **accento**   **intonazione**

1. ☐   ☐   ☐
2. ☐   ☐   ☐
3. ☐   ☐   ☐
4. ☐   ☐   ☐
5. ☐   ☐   ☐
6. ☐   ☐   ☐

Controllate le vostre risposte. ➤

10. Ascoltate e indicate con una ✗ in quali frasi la persona è triste.

1. Sono stanco di stare qui. ☐
2. Sono stanco di aspettare. ☐
3. Sono le sette. ☐
4. Sono ancora le otto. ☐
5. Che bello, domani partiamo. ☐
6. Che bello, domani è vacanza. ☐

Ora ascoltate e indicate con una ✗ in quali frasi la persona è allegra.

1. Buongiorno. ☐
2. Buonasera. ☐
3. Ciao. ☐
4. Grazie. ☐
5. Arrivederci. ☐
6. Ci vediamo domani. ☐

Controllate le vostre risposte. ━●

11. Guardate le figure e ascoltate la frase detta con quattro stati d'animo diversi. *La mamma parte domani.* (stupore, allegria, lamento, rabbia). Ascoltate e indicate con una ✗ a quale stato d'animo corrispondono le frasi che seguono.

1. Ci sono due ore di lezione.	☐	☐	☐	☐
2. Ci sono due ore di lezione.	☐	☐	☐	☐
3. Andrea arriva dopo cena.	☐	☐	☐	☐
4. Andrea arriva dopo cena.	☐	☐	☐	☐
5. È molto tardi.	☐	☐	☐	☐
6. È molto tardi.	☐	☐	☐	☐

Controllate le vostre risposte. ━●
Riascoltate e ripetete le frasi.

12. Leggete in silenzio le frasi. Ascoltate e indicate con una ✗ se l'intonazione va bene con il significato della frase.

	sì	no
1. Sono contenta di essere qui.	☐	☐
2. Che bello, rivederti dopo tanto tempo!	☐	☐
3. Basta! sono stanca di te!	☐	☐
4. Non sei un vero amico, va' via!	☐	☐

Controllate le vostre risposte. ⚯
Riascoltate e ripetete le frasi.

13. Guardate le figure e ascoltate la parola *"bene"* detta con due stati d'animo diversi. Ascoltate e indicate con una ✗ se la persona che risponde *bene* è contenta o non è contenta.

1. Presto sarà Natale.	☐	☐
2. Partiamo domani.	☐	☐
3. C'è qualcuno al telefono per te.	☐	☐
4. Arriva Franco.	☐	☐
5. Domani andiamo in montagna.	☐	☐
6. Tua madre ha spedito i soldi.	☐	☐

Controllate le vostre risposte. ⚯
Riascoltate e ripetete le frasi.

14. Ascoltate le frasi e indicate con una ✗ quando, secondo voi, la persona sta scherzando:

1. ☐   2. ☐   3. ☐   4. ☐   5. ☐   6. ☐

Controllate le vostre risposte. ⚯

Ora leggete queste frasi con lo stato d'animo che preferite (allegro o arrabbiato).

1. Che stupido sei, va' via!
2. Sei proprio un pazzo!
3. Smetti di parlare!
4. Che domande stupide fai!
5. Non ti credo, basta!
6. Basta, lasciami in pace!

15. Ascoltate le frasi   *L'ho comprato per te.*
e rispondete   *Grazie.*
grazie (normale)
secondo l'esempio.   1. Questo è per te.
2. È un regalo per te.
3. Prendi pure.

16. Ascoltate le frasi   *L'ho comprato per te.*
e rispondete *grazie*   *Grazie.*
(in modo gentile e contento)
secondo l'esempio.   1. Il libro è per te.
2. Ti vogliono al telefono.
3. Ti preparo un caffè.

17. Ascoltate le frasi   *L'ho comprato per te.*
e rispondete *grazie*   *Grazie.*
(in modo trascurato)
secondo l'esempio.   1. Questo è per te.
2. Ti vogliono al telefono.
3. Il libro è per te.

VOCALI

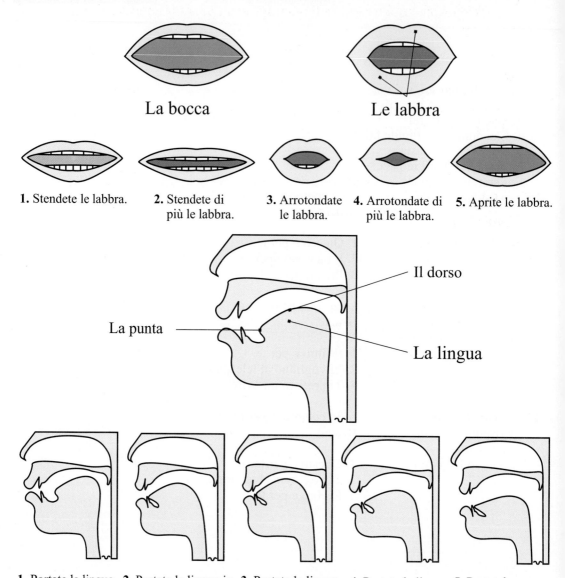

La bocca

Le labbra

1. Stendete le labbra.

2. Stendete di più le labbra.

3. Arrotondate le labbra.

4. Arrotondate di più le labbra.

5. Aprite le labbra.

Il dorso

La punta

La lingua

1. Portate la lingua indietro.

2. Portate la lingua in avanti verso i denti.

3. Portate la lingua in alto.

4. Portate la lingua più in basso.

5. Portatela ancora più in basso.

Fate questi esercizi guardandovi allo specchio.

1.   Portate la lingua in avanti e in alto e dite in silenzio [i] con le labbra molto distese.

Portate la lingua indietro e in alto e dite in silenzio [u] con le labbra molto arrotondate.

Ora dite [i u i u i u] in silenzio. La lingua si muove avanti e indietro dentro la vostra bocca. Le labbra sono prima distese, poi arrotondate.

24

2. Portate la lingua in avanti e in alto e dite in silenzio [i] con le labbra distese.

   Da questa posizione abbassate la lingua, aprite un po' più la bocca e dite in silenzio [e].

   Abbassate leggermente la lingua, aprite ancora più la bocca e dite in silenzio [ɛ].

   Portate la lingua il più basso possibile, aprite la bocca e dite in silenzio [a].

   Sempre in silenzio dite [i e ɛ a i e ɛ a], riuscite a "sentire" la vostra lingua che si abbassa? E le vostre labbra che si aprono?

3. Fate il contrario. Con la bocca aperta e la lingua in basso dite [a] in silenzio.

   Poi stendendo le labbra ogni volta di più e spostando la lingua verso l'alto dite [ɛ], [e], [i] in silenzio.

   Riprovate: [a ɛ e i a ɛ e i].

1

i, I [i] isola

Ascoltate il suono [i]. Per pronunciare questo suono portate la lingua avanti e in alto con la punta verso il basso. Controllate i lati posteriori della lingua, devono toccare i denti superiori. Le labbra sono distese. Pronunciate una [i] lunga: [iiiii]. Continuate in silenzio. Pensate alla posizione della vostra lingua.

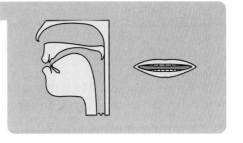

Imitazione

1. Ascoltate le parole guardando le figure.

Via Boccaccio, 13

Roma

English

2. Riascoltate. Fermate la cassetta dopo ogni parola e ripetete in silenzio.

3. Riascoltate le parole e ripetete a voce alta.

Dialogo   Ehi, Lino!

1. Lino e Lucia
sono al bar.
Ascoltateli senza
guardare il testo.

Ciao, sono Lino...
Ciao, io... sono Lucia...
Che cosa studi ?
Musica, e tu?
5 Lingue.
Quali?
L'inglese e il cinese.
Il cinese?! Ma è difficile!

Sì! Ma... non è vero che è impossibile impararlo.
10   Hai un buon insegnante?
Sì, sì! E presto vado in Cina.
Sìii?! Vai anche in Inghilterra?
Ssì, forse..., domani ti trovo qui?
15   Sì! Abito qui vicino.
Ah, vivi qui, è per questo che t'incontro tutti i giorni!
Ti ricordi di me?!
Sai... mi ricordo sempre tutto. Bene, ora vado, a domani.
Ehi, Lino, aspetta! Hai dimenticato i libri.

2. Ripetete le parole senza guardare il testo. [cassette]

3. Prima di riascoltare il dialogo leggete le seguenti domande:
a. Perché Lucia fa una pausa? (riga 2)
b. Nella frase *"abito qui vicino"* il suono [v] è pronunciato più lungo o
più forte?
Ora riascoltate e leggete il dialogo in silenzio. Rispondete alle domande precedenti.

4. Riascoltate il dialogo, fermatevi dopo ogni battuta e ripetete.

5. Leggete il dialogo in coppia (A e B). A: Lino, B: Lucia.

Intonazione [cassette]

1. Ripetete   *Hai un buon insegnante?*
le frasi
controllando   1. Hai un libro difficile?
l'intonazione.   2. Hai una famiglia unita?
                    3. Hai una vita facile?

Avete notato, quanti modi diversi di dire *sì* ci sono nel dialogo?

2. Ascoltate e   *Ma è difficile?*
rispondete alle   *Sì.*
domande con lo
stesso *sì* (normale).   1. Stai qui?
                           2. Vai via?
                           3. Parli il cinese?

3. Ascoltate e rispondete alle domande con *sì, sì* (ripetuto).

Hai un buon insegnante?
Sì, sì!

1. Vivi qui, vero?
2. Vai spesso al cinema, vero?
3. Parti domani, vero?

4. Ascoltate e rispondete alle affermazioni con lo stesso *sìii?!* (stupore).

Presto vado in Cina.
Sìii?!

1. Io sto bene qui.
2. Io parto domani.
3. Io studio stasera.

5. Ascoltate e rispondete alle domande con *ssì, forse...* (indeciso).

Vai in Inghilterra?
Ssì, forse...

1. Vai anche in Cina?
2. Torni domani?
3. Studi stasera?

6. Ascoltate e rispondete alle domande con lo stesso *sì* (esclamativo).

Domani ti trovo qui?
Sì!

1. Parli l'inglese?
2. Studi il cinese?
3. Rimani qui?

7. Ora lavorate in coppia (A e B). **A** legge le domande, **B** risponde *sì* nei modi sopra esercitati.

Accento di parola

1. Ripetete facendo attenzione alla parola in rilievo.

*Ma è **difficile**!*

1. Ma è *inutile*!
2. Ma è *impossibile*!
3. Ma è *possibile*!

Pausa

1. Ripetete facendo
   attenzione alla pausa.
   Lucia è timida.

   Io... sono Lucia.

   1. Io... sono Licia.
   2. Io... vado via.
   3. Io... torno domani.

2. Ripetete facendo
   attenzione alle
   pause (//) e
   all'intonazione.

   Ehi, Lino, // aspetta! // Hai dimenticato i libri.

   1. Ehi, Lino, // aspetta! // Ti do il mio indirizzo.
   2. Ehi, Lucia, // aspetta! // Comincia il film.
   3. Ehi, Lucia, //ascolta! // Domani mi trovi qui.

Unione di sillabe

Se *in* si trova davanti a una parola che comincia per vocale, [n] si unisce alla sillaba seguente.

1. Ripetete le frasi.

   Vai anche in Inghilterra?

   1. Vai in Irlanda?
   2. Vai in Argentina?
   3. Vai in Olanda?

Cogeminazione

1. Ripetete allungando
   la consonante
   sottolineata.

   Qui vicino [kwivvi'tʃiːno]

   1. Sono così contenta.
   2. Abita lì vicino.
   3. Chi parte con te?
   4. Venerdì sera.

Suoni e grammatica

1. Trasformate dal
   singolare al plurale.

   il libro   *i libri*

   1. il vestito
   2. il giornale
   3. la mano
   4. la chiave

Intervallo

1. Ascoltate il breve dialogo e fate attenzione ai diversi modi di dire *sì*.

Esci stasera?

1. *Sì.* (contento)   2. *Sì.* (arrabbiato)   3. *Ssì.* (indeciso)   4. *Sì.* (triste)

Ascoltate i brevi dialoghi e indicate con una ✗ a quale di questi stati emotivi corrisponde la risposta.

1.	❑	❑	❑	❑
2.	❑	❑	❑	❑
3.	❑	❑	❑	❑
4.	❑	❑	❑	❑

2. Lavorate in coppia (A e B). **A** pone la domanda. **B** risponde *sì* con un'intonazione adeguata allo stato emotivo che ha scelto, tra quelli dell'esercizio n. 1. A deve indovinare lo stato emotivo.

A: *L'hai fatto tu?*   **B:** *Sì.*

Pronuncia e grafia

Il suono [i] si scrive con la lettera *i:*

fine, inglese, libri, musica, vino.

e quando il suono è accentato in fine di parola, si scrive *ì:*

lunedì, martedì, mercoledì, giovedì, venerdì.

In italiano esistono le parole: *li, lì, si, sì, di, di', dì .*

In alcune parole la *i* non si sente.

1. Leggete le parole senza far sentire la *i* nella sillaba finale.

arancia, camicia, ciliegia, fiducia, guancia, Licia, Lucio, pancia, valigia, Grecia.

In altre parole la *i* si pronuncia chiaramente.

2. Leggete le parole mettendo l'accento sulla *i* nella sillaba finale.

bugia, compagnia, democrazia, economia, farmacia, fotografia, galleria, Lucia, Maria, mia, nostalgia, periferia, polizia, scrivania.

3. Completate le frasi con le parole che seguono.

bugie, compagnia, così, di, dì, di', farmacia, li, lì, pancia, si, sì.

1. _____ sempre la verità, le _____ si scoprono subito!

2. La mia vicina di casa invece _____ dire "buongiorno", dice "buon_____".

3. Ho tanto mal di _____.
   Vuoi che vada a prendere le medicine in _____?
   _____, grazie.

4. Lucio e Lucia non _____ vedono da molto tempo.

5. Devi andare _____, non là. Hai capito?

6. _____ sta bene in _____, vero?

7. Sei _____ gentile!

—●

2

Prima praticate il suono [i]. Ascoltate il suono
[e]. Per pronunciare [e] abbassate leggermente la
lingua. Controllate i lati posteriori della lingua,
devono toccare i denti superiori. Le labbra sono
ancora distese, ma più aperte che per [i]. Pronunciate una [e] lunga: [eeeee]. Continuate in silenzio. Pensate alla posizione della vostra lingua.

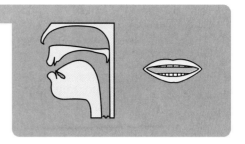

Imitazione

1. Ascoltate le parole guardando le figure.

2. Riascoltate. Fermate la cassetta dopo ogni parola e ripetete in silenzio.

3. Riascoltate le parole e ripetete a voce alta.

Dialogo

E tutto questo per una gita in bicicletta?!

1. Loredana e Angelo
sono in casa.
Ascoltateli senza
guardare il testo.

Ho ricevuto una lettera da Serena.
Che dice?
Va a fare un viaggio in bicicletta.
Veramente?
5   Eh sì, in Egitto.
Che bellezza! E con chi?
Con Francesco, per un mese.
Beati loro che lo possono fare!
Perché, tu non puoi?

10   Eh no, non ho più l'età.
    Pazzesco! Angelo, hai solo quarantatré anni!
    E già... faccio fatica anche a camminare...
    E fa' un po' di movimento!
    Eh, sì!
15   Devi fare ginnastica, almeno tre volte la settimana!
    E poi?
    Dimentica l'ascensore!
    E che altro?
    Sta' meno davanti alla televisione...
20   E... già!
    Devi smettere di fumare!
    Sì! E...
    Mangia e bevi di meno!
    E tutto questo per una gita in bicicletta?!

2. Ripetete le parole senza guardare il testo. 🔲

3. Prima di riascoltare il dialogo leggete le seguenti domande:
a. Com'è la tonalità finale della domanda che fa Loredana (riga 9)?
Ascendente o discendente?
b. Qual è la parola più in rilievo in *"Devi fare ginnastica"* (riga 15)?
Ora riascoltate e leggete il dialogo in silenzio. Rispondete alle domande precedenti.

4. Riascoltate il dialogo, fermatevi dopo ogni battuta e ripetete.

5. Leggete il dialogo in coppia (A e B). A: Loredana, B: Angelo.

Intonazione 🔲

1. Ripetete le frasi   *Perché, tu non puoi?*
   controllando
   l'intonazione.
   Il tono finale   1. Perché, tu non bevi?
   è discendente.   2. Perché, tu non fumi?
                    3. Perché, tu non guardi la televisione?

2. Ripetete le frasi   *E fa'un po'di movimento!*
   controllando
   l'intonazione.   1. E smettila di bere!
                    2. E deciditi a camminare!
                    3. E cerca di vedere più positivo!

Pausa ▣

1. Ripetete le frasi facendo attenzione alle pause (//).

Pazzesco! // Angelo, // hai solo quarantatré anni!

1. Pazzesco! // Angelo, // bevi troppo!
2. Pazzesco! // Angelo, // vedi tutto nero!
3. Pazzesco! // Angelo, // non vedi mai nessuno!

Accento di parola ▣

1. Ripetete facendo attenzione alle parole in rilievo.

*Devi **fare** ginnastica.*

1. Devi *salire* le scale.
2. Devi *dimenticare* l'ascensore.
3. Devi *smettere* di fumare.
4. Devi *mangiare e bere* di meno.

Unione di sillabe ▣

Se *per* si trova davanti a una parola che comincia per vocale, [r] si unisce alla sillaba seguente.

1. Ripetete le frasi.

Per un mese.

1. Per una gita in bicicletta.
2. Per ora non fumo.
3. Per una sera non bevo.
4. Per ora mangio meno.
5. Ha parlato per ore.

Cogeminazione ▣

1. Ripetete le frasi allungando la consonante sottolineata.

*Almeno **tre** volte la settimana.* [trev'vɔl:te]

1. Tre mesi in vacanza.
2. E poi devi salire le scale.
3. E guardare meno la tv.
4. Perché bevi tanto?
5. Perché mangi tanto?

Suoni e grammatica

1. Trasformate
dall'aggettivo
all'avverbio.

vero	*veramente*
veloce	
debole	
sereno	
semplice	

2. Trasformate.

lago	*laghetto*
pacco	
foglio	
sacco	

3. Collegate la parte a sinistra con quella a destra (può esserci più di una combinazione).

1. con chi   a) non ride mai?
2. perché   b) va in bicicletta?
3. dove   c) va in vacanza?
4. a chi   d) smette di fumare?
5. quando   e) scrivi?
6. chi   f) ti piace uscire?

4. Leggete in modo cortese le domande che avete formato. Controllate la parte finale della frase: il tono non deve scendere. Se il tono scende la domanda è più diretta, più informale.

Pronuncia e grafia

Il suono [e] si scrive con la lettera *e*.

Questo suono si trova in sillaba accentata:

bere, bicicletta, candela, capelli, cena, mela, mese, moneta, nero, penna, sera, tetto, vero.

e in sillaba non accentata:

camera, correre, entrare, esame, gelato, numero, persona, pomeriggio, semaforo, zucchero.

Quando è in sillaba accentata finale di parola porta un accento grafico acuto *é*:

né, perché, poiché, poté, sé, trentatré, ventitré.

1. Completate le frasi con le parole che seguono.

né, ne, perché, quarantatré, sé, se, tre, te.

1. Serena, che egoista! Vuole tutto per _____.
2. Non si può entrare _____ il lunedì _____ il martedì.
3. Devi comprare _____ biglietti: uno per me, uno per Elisa e uno per _____.
4. Non può venire di pomeriggio, _____ lavora dalle tre alle nove.
5. Ho pensato di scrivere a Loredana, per sapere _____ torna in Italia.
6. Quanti anni ha Veronica?

   _____ ha _____.

3

e, E [ɛ] erba

Prima praticate il suono [e]. Ascoltate il suono [ɛ]. Per pronunciare [ɛ] abbassate leggermente la lingua. Controllate i lati posteriori della lingua, non toccano i denti superiori. Le labbra sono ancora distese, ma più aperte che per [e]. Pronunciate una [ɛ] lunga: [ɛɛɛɛɛ]. Continuate in silenzio. Pensate alla posizione della vostra lingua.

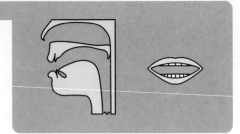

Imitazione 🔲

1. Ascoltate le parole guardando le figure.

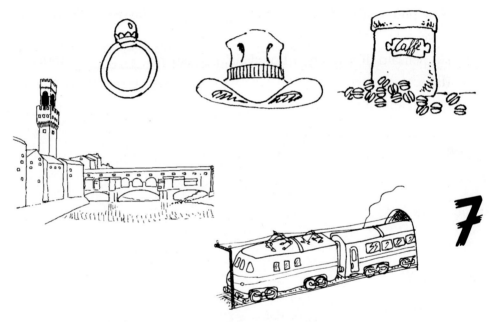

2. Ascoltate. Fermate la cassetta dopo ogni parola e ripetete in silenzio.

3. Riascoltate le parole e ripetete a voce alta.

Dialogo 🔲   È stata una bella idea.

1. Michela e Amelia sono all'università. Ascoltatele senza guardare il testo.

Sei stata a Firenze, poi?
Sì, è stato così bello!
Sei andata in treno?
Eeeh...
5 Alle sette non c'eri.
...l'ho perso.
Eri da sola?
Eeh, sì!

Era caldo, eh?
10   Eh, sì. Una fila al museo...
Lì è sempre così.
Sono così contenta, ho visto "La primavera" di Botticelli.
Beh, com'è? Stupenda, eh?
Eh, sì! Mi sarebbe dispiaciuto partire senza andarci.
15   Beh, hai fatto bene! È stata una bella idea.

2. Ripetete le parole senza guardare il testo. 📼

3. Prima di riascoltare il dialogo leggete le seguenti domande:
a. Avete notato come dice Amelia: *"Una fila al museo?"* (riga 10). La tonalità e la velocità della frase sono più alte o più basse del normale?
b. Michela dice: *"Beh, hai fatto bene!"* (riga 15). Quali sono le parole in rilievo?
Ora riascoltate e leggete il dialogo in silenzio. Rispondete alle domande
precedenti.

4. Riascoltate il dialogo, fermatevi dopo ogni battuta e ripetete.

5. Leggete il dialogo in coppia (A e B). A: Michela, B: Amelia.

Intonazione 📼

1. Ripete
controllando
l'intonazione.

Era caldo, eh?

1. Stupenda, eh?
2. Era bello, eh?
3. Splendida, eh?

2. Ripetete
imitando Amelia.
La tonalità e la
velocità delle frasi
sono basse.

Una fila al museo!

1. Quanto tempo al museo!
2. Quanta gente in treno!
3. Un vento a Firenze!

Accento di parola 📼

1. Ripetete facendo
attenzione alle
parole in rilievo.

***Beh**, hai fatto **bene**!*

1. *Beh*, è stata una *bella idea*!
2. *Beh*, è un *bel museo*!
3. *Beh*, è meglio *in treno*!

39

Cogeminazione ▣

1. Ripetete le frasi
allungando
la consonante
sottolineata.

È sempre così. [εs'sεm:pre]

1. C'è sempre molta gente.
2. È bello.
3. È vecchio.

Conversazione

Riascoltate il dialogo facendo attenzione ai vari modi di dire *eh*. Lavorate in coppia (A e B). **A** legge una frase, **B** risponde con le espressioni a destra. Le frasi sono già in ordine.

A

1. Sei andata in treno?
2. Eri da solo/a.
3. Era caldo, eh?
4. Bello, eh?
5. È molto vecchio, eh?
6. Penso di stare a Firenze.
7. Ho visitato il museo.

B

Eeeh...
Eeh, sì!
Eh, sì.
Eh, stupendo!
Eeh,... non sono sicuro/a.
Beh, fai bene.
Beh, com'è?

Pronuncia e grafia

Il suono [ε] si scrive con la lettera *e*.

Questo suono si trova sempre in sillaba accentata:

anello, bene, bello, cappello, dente, Enzo, fratello, letto, medico, problema, sempre, senza, sette, sorella, tempo, treno, vecchio, vento.

Quando il suono è in sillaba accentata finale di parola porta l'accento grafico *è*:

caffè.

1. Completate le frasi con le parole che seguono.

bignè, caffè, c'è, cioè, è, tè.

1. Dov'_____ il concerto domani?
2. Prendi sempre il _____ corretto?
3. _____ Renzo con voi? Aspettami, vengo anch'io.
4. Alla festa di Sergio ho mangiato così tanti _____! Tutti alla crema.
5. Ti aspetto alle sei, _____ è meglio alle sette.
6. Ti va un _____ alla pesca?

4

e, E [e ε] elefante, erba

Per differenziare questi due suoni controllate l'altezza della lingua all'interno della bocca e la forma delle labbra.

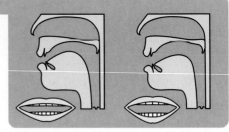

Identificazione ☷

1. Ascoltate le parole senza senso. Sentirete due parole per ogni numero (A e B). Scrivete una ✗ dove sentite [e] come in *elefante*.

	A	B
1.	☐	☐
2.	☐	☐
3.	☐	☐
4.	☐	☐
5.	☐	☐

2. Sentirete due parole per ogni numero (A e B). Scrivete una ✗ dove sentite [ε] come in *erba*.

	A	B
1.	☐	☐
2.	☐	☐
3.	☐	☐
4.	☐	☐
5.	☐	☐

3. Sentirete una parola per ogni numero. Scrivete (–) se sentite [e] e (+) se sentite [ε].

1. ☐   2. ☐   3. ☐   4. ☐   5. ☐   ⊸

Discriminazione ☷

1. Sentirete due coppie di parole per ogni numero (A e B). Scrivete una ✗ dove sentite due parole uguali.

	A	B
1.	☐	☐
2.	☐	☐
3.	☐	☐
4.	☐	☐
5.	☐	☐

2. Sentirete due parole per ogni numero. Scrivete una ✗ solo dove sentite due parole uguali.

1. ❏   2. ❏   3. ❏   4. ❏   5. ❏

3. Ascoltate. Queste sono parole che esistono in italiano.

4. Sentirete tre parole per ogni numero (A, B e C). Segnate con una ✗ le due parole uguali.

	A	**B**	**C**
1.	❏	❏	❏
2.	❏	❏	❏
3.	❏	❏	❏
4.	❏	❏	❏
5.	❏	❏	❏

5. Ascoltate le frasi e indicate la parola che sentite in ogni frase.

1. a) s[e]   b) s'[ɛ]
2. a) t[e]   b) t[ɛ]
3. a) p[e]sca   b) p[ɛ]sca
4. a) [e]   b) [ɛ]
5. a) c[e]ra   b) c'[ɛ]ra   ⟜●

Imitazione 📼

1. Ripetete le coppie di parole senza guardare il testo.

l[e]gge   l[ɛ]gge
t[e]   t[ɛ]
p[e]sca   p[ɛ]sca
[e]   [ɛ]
c[e]ra   c'[ɛ]ra

2. Riascoltate e ripetete le frasi dell'esercizio n. 5.

Suoni e grammatica

1. Trasformate
dal sostantivo
all'aggettivo.

silenzio *silenzioso*
festa
vento

2. Trasformate
dal sostantivo
all'aggettivo.

inverno *invernale*
genere
idea
oriente

3. Trasformate
dall'aggettivo
al superlativo.

bello *bellissimo*
bene
lento
vecchio
diretto
moderno

Dialogo 🔊 **Hai l'influenza?**

1. Elena telefona
ad Alberto.
Ascoltateli
senza guardare
il testo.

Pronto?
Ciao Alberto, sono Elena, vieni stasera al concerto?
No... penso di non poter venire, ho la febbre, il mal
di testa, il raffreddore...
5 Hai l'influenza?
Eh, penso di sì, quest'inverno è la terza volta.
Davvero?! Perché non vai dal medico?
Beh, non voglio prendere tutte quelle medicine.
Alberto, sei sempre lo stesso!

2. Riascoltate il dialogo e segnate il relativo accento sopra le *e* scritte in
neretto (*é* = [e], *è* = [ɛ]).

Pronto?

Ciao Alb_e_rto, sono _E_lena, vieni stas_e_ra al conc_e_rto?

No... p_e_nso di non pot_e_r venire, ho la f_e_bbre, il mal di t_e_sta, il raffreddore...

Hai l'influ_e_nza?

Eh, penso di sì, qu_e_st'inv_e_rno è la t_e_rza volta.

Davv_e_ro?! Perch_e_ non vai dal m_e_dico?

B_e_h, non voglio pr_e_ndere tutte qu_e_lle medicine.

Alb_e_rto, s_e_i s_e_mpre lo st_e_sso!

3. Controllate il vostro esercizio. Leggete le parole in cui la *e* è sottolineata.

4. Riascoltate e leggete il dialogo in silenzio. Fate attenzione all'intonazione di Alberto. È dispiaciuto di non poter andare al concerto.

5. Leggete il dialogo in coppia (A e B). A: Alberto, B: Elena.

Intonazione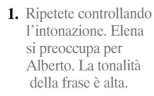

1. Ripetete controllando l'intonazione. Elena si preoccupa per Alberto. La tonalità della frase è alta.

Hai l'influenza?

    1. Hai la febbre?
    2. Vuoi le medicine?
    3. Hai fretta?

2. Ripetete controllando l'intonazione. La velocità è più bassa del normale.

Eh, penso di sì, quest'inverno è la terza volta.

    1. Eh, credo di sì, quest'estate è la seconda volta.
    2. Eh, sembra di sì, questa primavera sto sempre male.
    3. Eh, forse è così, non sto mai bene.

3. Ripetete controllando l'intonazione.

Ho la febbre, il mal di testa, il raffreddore...

    1. Ho avuto il mal di testa, la tosse, la febbre...
    2. Ho preso l'aspirina, latte e miele, un sacco di medicine...
    3. Ho dovuto bere molto, dormire, prendere le medicine...

Accento di parola

1. Ripetete facendo attenzione alle parole in rilievo.

Davvero?! Perché non vai dal medico?

    1. *Davvero?! Perché non prendi le medicine?*
    2. *Veramente?! Perché non credi al medico?*
    3. *Veramente?! Perché non cerchi di essere più semplice?*

Pausa

1. Ripetete facendo attenzione alla pausa.

No... penso di non poter venire.

    1. No... sento che ho la febbre.
    2. No... cerco di essere paziente.
    3. No... sento freddo.

Intervallo

1. Gli studenti leggono le parole in silenzio e dividono quelle con il suono [e] da quelle con il suono [ɛ].

[e]	[ɛ]

zero   bene

gesso   biglietto

petto   etto

vero   sette

letta   letto

meno   tetto

metto   fetta

bella   serio

cena   credo

vedo   domenica

2. Lavorate in coppia (A e B). **A** dice una parola, **B** ne deve dire un'altra con la stessa *e*. Se B risponde bene è lui che propone la parola successiva, altrimenti continua A.

A: *nero* [e]
B: *stella* [e]

3. Qual è la parola che non ha lo stesso suono delle altre tre?

1. adesso, tre, meno, questo.
2. quello, senso, zero, penso.
3. stella, stesso, sesto, spesso.
4. idea, cena, sedia, esco.
5. cento, vecchio, bevo, bello.

Pronuncia e grafia

I due suoni [e] [ɛ] sono rappresentati dalla lettera *e*.
La distinzione dei due suoni nella scrittura si può notare solo quando c'è l'accento finale di parola (é, è):

poiché, perché, caffè, è.

1. I suoni [e] [ɛ] distinguono parole di significato diverso. Leggete le parole. Cercate nel dizionario il significato delle parole nuove.

1. legge	a. ['ledʒdʒe]	b. ['lɛdʒdʒe]
2. esca	a. ['esːka]	b. ['ɛsːka]
3. esse	a. ['esːse]	b. ['ɛsːse]
4. pesca	a. ['pesːka]	b. ['pɛsːka]
5. venti	a. ['venːti]	b. ['vɛnːti]

Ora inserite le parole nelle frasi che seguono.

1. Signorina, _____ subito altrimenti l'ufficio postale chiude.
2. La _____ è il frutto che mi piace di più.
3. Devi fare le cose secondo la _____ .
4. Vieni a _____ con noi?
5. Mi sono fatto prendere all' _____ come uno stupido.
6. Conosci i nomi dei _____ ?
7. Devi scrivere _____ come Salerno.
8. Il plurale di essa è _____ .
9. È un ragazzo che _____ molto, forse troppo.
10. Sono venuti alla cena in _____ , non avevamo le sedie per tutti.   ⚷

2. Leggete le parole e inseritele nelle frasi che seguono.

['tʃe] ['tʃɛ] ['se] ['sɛ] ['seːra] ['sɛra] ['te] ['tɛ]
ce   *c'è*   *se*   *s'è* *sera*   *s'era* *te*   *tè-t'è*

1. Ti va una tazza di _____ ?
2. Che cosa _____ che non va?
3. Valeria _____ sposata il mese scorso.
4. _____ venuta la febbre, perché hai preso freddo.
5. Non esco senza di _____ .
6. Non bevo mai di _____ .
7. Quante settimane ci sono per partire?
   _____ ne sono tre.
8. _____ deciso a parlare.
9. _____ pensi di arrivare prima di noi, prendi tu le chiavi!   ⚷

Ascoltate il suono [u]. Per pronunciare questo suono portate il dorso della lingua indietro e in alto, la punta verso il basso. Le labbra sono molto arrotondate. Pronunciate una [u] lunga [uuuuu]. Continuate in silenzio. Pensate alla posizione della vostra lingua.

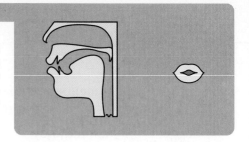

Imitazione

1. Ascoltate le parole guardando le figure.

2. Riascoltate. Fermate la cassetta dopo ogni parola e ripetete in silenzio.

3. Riascoltate le parole e ripetete a voce alta.

Dialogo   **Uh, come lui non c'è nessuno!**

1. Luisa va a casa di Luca a cercare Ugo. Ascoltate senza guardare il testo.

Ciao Luca, scusami, c'è Ugo?
No, è già uscito.
Sai, se è andato all'università?
No, non lo so.
5   A che ora è uscito?
Verso le undici.
Sei sicuro? Sono preoccupata: avevamo un appuntamento.
Aspetta un attimo, forse torna.

10   Forse aveva alcune cose da fare... di solito è puntuale.
Uh, come lui non c'è nessuno!
Con me è puntuale!
Su dai!
Lo vedi prima di lunedì?
15   Ho paura di no, va da suo padre.
Se lo senti, lo saluti per me?
Su con la vita, torna di sicuro il tuo Ugo!

2. Ripetete le parole senza guardare il testo.

3. Prima di riascoltare il dialogo leggete le seguenti domande:
a. Com'è la tonalità finale della frase alla riga 5?
b. Quali sono le parole in rilievo nella frase di Luca alla riga 17?
Ora riascoltate e leggete il dialogo in silenzio. Rispondete alle domande precedenti.

4. Riascoltate il dialogo, fermatevi dopo ogni battuta e ripetete.

5. Leggete il dialogo in coppia (A e B). A: Luisa, B: Luca. Luisa è preoccupata. Luca la prende in giro (righe 11, 17).

Intonazione

1. Ripetete controllando l'intonazione.

A che ora è uscito?

1. A che ora è occupato?
2. A che ora l'hai salutato?
3. A che ora c'è tuo cugino?

2. Ripetete controllando l'intonazione.

No, è già uscito.

1. No, è uscito alle undici.
2. No, è uscito puntuale.
3. No, è uscito all'ultimo minuto.

Accento di parola

1. Ripetete facendo attenzione alle parole in rilievo.

*Uh, **come lui** non c'è nessuno!*

1. Uh, *com'è puntuale!*
2. Uh, *com'è dura la vita!*
3. Uh, *com'è fortunato!*

2. Ripetete facendo
attenzione alle
parole in rilievo.

*Su con la vita, torna di sicuro il **tuo Ugo!***

1. *Su con la vita*, te lo saluto io il *tuo Ugo!*
2. *Su con la vita*, devi avere *fiducia!*
3. *Su con la vita*, torna *subito!*

Unione di sillabe 🔲

Se *un* o *un'* si trovano davanti a una parola che comincia per vocale, [n] si unisce alla sillaba seguente.

1. Ripetete
le frasi.

Aspetta un attimo.

1. Aspetta un'amica.
2. Aspetta ancora un'ora.
3. Aspetta un autobus per il centro.
4. Aspetta un uomo.
5. Aspetta un'occasione.

Cogeminazione 🔲

1. Ripetete
allungando
la consonante
sottolineata.

Su dai! [sud'dai]

1. Più sicuro.
2. Giù, sempre più giù.
4. Più puntuale.

Suoni e grammatica

1. Collegate le frasi di sinistra con quelle di destra (c'è più di una combinazione).

1. Luisa è la più fortunata
2. Ugo è più puntuale
3. Luca è più preoccupato
4. Mauro è più occupato
5. Umberto è la persona più stupida

a) di tutta la famiglia.
b) di Luisa.
c) che io abbia mai incontrato.
d) di te.
e) di lui.

2. Leggete le frasi facendo attenzione alla pronuncia.

Accento

1. Leggete le parole in silenzio e dividete quelle che hanno l'accento come
  subito ● • • da quelle che hanno l'accento come *sicuro* • ● • :

ultimo, futuro, umano, utile, undici, unico, pulito, stupido, musica, mi-
nuto, uscita, pubblico, unito, usare, salute, maturo, natura, cultura.

● • •	• ● •
'su-bi-to	si-'ku-ro

Intervallo

1. Lavorate in coppia (A e B). **A** dice una parola. **B** ne dice un'altra con
  l'accento nella stessa posizione. Se B risponde bene propone la parola
  successiva, altrimenti continua A.

Pronuncia e grafia

Il suono [u] si scrive con la lettera *u*:

abitudine, auguri, cucinare, cultura, fortuna, fumare, gratuito, salutare,
suo, tuo, ufficio, uscita.

Quando il suono è in sillaba tonica finale di parola si scrive un accento
grafico grave *ù*:

giù, lassù, laggiù, Perù, più, quassù, quaggiù, virtù.

1. Inserite le parole *blu, giù, lassù, laggiù, quaggiù, quassù, più, Perù, su* nelle frasi che seguono.

1. Vivi _____ in montagna da mesi, perché non vieni un po' _____ da noi?

2. Ho fatto su e _____ per le scale cento volte, ora non salgo _____ .

3. Sono andato in _____ , è stato un viaggio indimenticabile.

4. È arrivato da solo fino _____ , in fondo alla discesa.

5. Perché non vieni _____ da noi in collina, c'è una pace che tu non conosci.

6. _____ non sei l'unico a dover studiare tutte le sere.

7. Hai due occhi _____ , stupendi!

🔑

6   o, O [o] **orecchio**

Prima praticate il suono [u]. Ascoltate il suono [o].
Per pronunciare questo suono portare il dorso della
lingua indietro, ma più in basso che per il suono [u].
Le labbra sono arrotondate, ma un po' più aperte.
Pronunciate una [o] lunga [ooooo]. Continuate in
silenzio. Pensate alla posizione della vostra lingua.

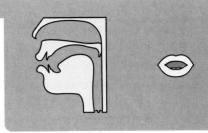

Imitazione 🔘

1. Ascoltate le parole guardando le figure.

2. Riascoltate. Fermate la cassetta dopo ogni parola e ripetete in silenzio.

3. Riascoltate le parole e ripetete a voce alta.

Dialogo   🔘   **Non lo conosco!**

1. Giacomo e   Qual è il nome di quell'attore famoso, giovane...
Giovanni sono   Boh, io non lo conosco.
amici. Giovanni   Come, non lo conosci! Non è possibile, è biondo,
sta lavorando.   alto, bravo.
Ascoltateli   5   Non ora, sono occupato.
senza guardare   Il nome è corto, come comincia? O con *d* o con *b*.
il testo.   Boh!
     È molto conosciuto, dai...

Insomma, quanto sei noioso!
10   Dai che lo sai.
Oh, quanto rompi, non lo conosco!

2. Ripetete le parole senza guardare il testo. 🔲

3. Prima di riascoltare il dialogo leggete le seguenti domande:
a. Com'è Giovanni nelle ultime due frasi? (righe 9 e 11) È paziente?
Ora riascoltate e leggete il dialogo in silenzio. Rispondete alle domande precedenti.

4. Riascoltate il dialogo, fermatevi dopo ogni battuta e ripetete.

5. Leggete il dialogo in coppia (A e B). A: Giacomo, B: Giovanni. Giacomo parla con una velocità rallentata.

Intonazione 🔲

1. Ripetete
controllando
l'intonazione.

Qual è il nome di quell'attore famoso, giovane...

1. Qual è il nome di quell'attore biondo, alto...
2. Qual è il cognome di quel dottore bravo, famoso...
3. Qual è il cognome di quel professore alto, noioso...

2. Ripetete
controllando
l'intonazione.

Come, non lo conosci!

1. Come, non mi rispondi!
2. Come, non sei pronto!
4. Come, non sei contento!

Unione di sillabe 🔲

Se *non* si trova davanti a una parola che comincia per vocale, [n] si unisce
alla sillaba seguente.

1. Ripetete
le frasi.

Non ora, sono occupato.

1. Non ora, per favore.
2. Non ora, sono molto stanco.
3. Non ora, sono nervoso.
4. Non ora, sono solo.

2. Ripetete
le frasi.

Non è possibile, lo conosci.

1. Non è possibile, lo sai.
2. Non è possibile, è molto conosciuto.

Accento di parola

1. Ripetete
imitando
l'intonazione
di Giovanni e
mettendo in
rilievo le parole.

***Insomma, quanto** sei noioso!*

1. *Insomma, quanto sei rumoroso!*
2. *Insomma, quanto sei nervoso!*
3. *Insomma, quanto sei geloso!*
4. *Insomma, quanto sei goloso!*

2. Ripetete facendo
attenzione alle
parole in rilievo.
Giovanni è
seccato.

*Oh, quanto rompi, **non lo conosco**!*

1. Oh, quanto rompi, *non ti rispondo*!
2. Oh, quanto rompi, *non t'ascolto*!
3. Oh, quanto rompi, *non te lo dico*!

Conversazione

Lavorate in coppia (A e B). **A** legge una frase, **B** sceglie una delle possibili risposte. Le risposte di B sono tutte pronunciate con un'intonazione poco gentile.

A
1. Sai qual è il suo nome?
2. Non è possibile lo sai di sicuro.
3. Ascolta, qual è il cognome?
4. Sono sicuro che lo sai.
5. Il nome comincia o con *d* o con *f*.
6. Allora, mi rispondi?

B
a) Oh, quanto rompi!
b) Non ti rispondo.
c) Boh!
d) Quanto sei noioso/a!
e) Oh, me lo chiedi ogni minuto.
f) Forse.

Suoni e grammatica

1. Rendete
l'espressione
con una sola
parola.

un regalo grande   *un regalone*

un libro grande
un piatto grande
un bicchiere grande
un coltello grande
un cappello grande

Pronuncia e grafia

Il suono [o] si scrive con la lettera *o*.

Questo suono si trova in sillaba accentata:

agosto, costoso, doccia, errore, ordine, persona, pollo, signora, signore, stagione.

e non accentata:

ascoltare, bambola, documento, occhiali, panorama, scatola, signorina, spettacolo.

7 o, O [ɔ] occhio

Prima praticate il suono [o]. Ascoltate il suono [ɔ]. Per pronunciare questo suono portate il dorso della lingua indietro, ma più in basso che per il suono [o] (la lingua è più distesa). Le labbra sono arrotondate, ma più aperte. Pronunciate una [ɔ] lunga [ɔɔɔɔ]. Continuate in silenzio. Pensate alla posizione della vostra lingua.

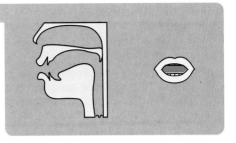

Imitazione

1. Ascoltate le parole guardando le figure.

2. Riascoltate. Fermate la cassetta dopo ogni parola e ripetete in silenzio.

3. Riascoltate le parole e ripetete a voce alta.

Dialogo — Oggi c'è sciopero.

1. Monica e Nicola sono in casa. Ascoltateli senza guardare il testo.

    Caro, oggi vai alla posta?
    Nno.
    Noo!?
    No cara, oggi c'è sciopero.
5   Cosa? Noo! Proprio oggi, ma era il nove...
    Tesoro, è oggi il nove!
    Oh, e adesso? I miei soldi...
    Eh, ho paura che devi aspettare.

2. Ripetete le parole senza guardare il testo.

3. Prima di riascoltare il dialogo leggete le seguenti domande:
a. Qual è la parola in rilievo nella frase di Nicola (riga 6)?
b. Come dice Nicola *"ho paura"*? Com'è pronunciata la [p]?
Ora riascoltate e leggete il dialogo in silenzio. Rispondete alle domande
precedenti.

4. Riascoltate il dialogo, fermatevi dopo ogni battuta e ripetete.

5. Leggete il dialogo, in coppia (A e B). A: Monica, B: Nicola.

Intonazione

1. Ripetete
controllando
l'intonazione.

Oggi vai alla posta?

1. Ti ricordi che c'è sciopero?
2. Hai un po' di soldi?
3. Di solito vai nei negozi?

Ricordate i diversi modi di rispondere *no* nel dialogo?

2. Ascoltate e
rispondete
con lo stesso *no*
(indeciso).

Oggi vai alla posta?
Nno!

1. Oggi vieni con noi?
2. C'è sciopero?
3. Oggi è il nove?

3. Ascoltate e
rispondete con
lo stesso *no*
(di stupore).

No, alla posta, no!
Noo?!

1. No, se c'è sciopero, no!
2. No, se è tardi, no!
3. No, se apre alle otto, no!

4. Ascoltate e
rispondete con
lo stesso *no*
(normale).

Vai alla posta?
No.

1. Oggi è il nove?
2. Hai i soldi?
3. Chiude alle nove?

5. Ascoltate e
rispondete con
lo stesso *no*
(delusione).

Oggi è sciopero.
Noo!

1. Ho perso i soldi.
2. Oggi è chiuso.
3. Sto a casa.

6. Ora lavorate in coppia (A e B). **A** legge le domande, **B** risponde *no* nei
modi sopra esercitati.

Accento di parola

1. Ripetete facendo
attenzione alla
parola in rilievo.

*Tesoro, è **oggi** il nove!*

1. Tesoro, è *proprio* in questo modo!
2. Tesoro, è *troppo* per te!
3. Tesoro, è *sciocco* quello che dici!

Cogeminazione

1. Ripetete
allungando
la consonante
sottolineata.

*Ho **p**aura che devi aspettare.*

1. Ho <u>v</u>oglia di uscire.
2. Ti do <u>r</u>agione.
3. T'ho <u>d</u>etto la verità.
4. Sto <u>b</u>ene qui.
5. No <u>n</u>o, so <u>t</u>utto di lui.

Suoni e grammatica

1. Formate
il futuro.

dare	*darò*
fare	
scrivere	
mangiare	
aprire	
chiudere	

1. Ascoltate il breve dialogo e fate attenzione ai diversi modi di dire *no*.

Esci stasera?
No.

1. *No.* (sicuro) 2. *No.* (spaventato) 3. *Nno.* (indeciso) 4. *Noo!!* (terrorizzato)

Ascoltate i brevi dialoghi e indicate con una **✗** a quale di questi stati emotivi corrisponde la risposta.

1. ☐ ☐ ☐ ☐
2. ☐ ☐ ☐ ☐
3. ☐ ☐ ☐ ☐
4. ☐ ☐ ☐ ☐

2. Lavorate in coppia (A e B). **A** pone la domanda. **B** risponde *no* con un'intonazione adeguata allo stato emotivo che ha scelto, tra quelli dell'esercizio precedente. **A** deve indovinare lo stato emotivo.

A: *Vieni con noi?*
B: *No.*

Pronuncia e grafia

Il suono [ɔ] si scrive con la lettera *o*.
Questo suono si trova sempre in sillaba accentata:
cosa, diploma, dollaro, Marocco, morto, notte, olio, opera, sposa, storia.
Quando è in sillaba accentata finale di parola si scrive un accento grafico grave *ò*:
andrò, avrò, ciò, perciò, però, può, sarò, verrò.
Le parole: *do, sto, so, ho* non si scrivono con l'accento.

1. Completate le frasi con le parole che seguono.

do (dare), *tò* (meraviglia), *t'ho, po'* (poco), *Po* (fiume), *so* (sapere), *ciò, sto.*

1. _____ detto che Carla si sposa?

2. Abitano vicino al _____, è una zona un _____ umida
   ma bella.

3. Fino alle nove _____ qui, poi esco.

4. Il libro di storia te lo _____io.

5. _____ chi si vede, che gioia!

6. _____ che t'ho detto è un segreto.

7. _____ quello che succede, ma ho paura.

━●

8   o, O [o ɔ] orecchio, occhio

Per differenziare questi due suoni controllate l'altezza della lingua all'interno della bocca e la forma delle labbra.

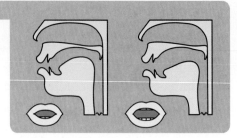

Identificazione 🔲

1. Ascoltate le parole senza senso. Sentirete due parole per ogni numero (A e B). Scrivete una ✗ dove sentite [o] come in *orecchio*.

     A   B

1. ☐   ☐
2. ☐   ☐
3. ☐   ☐
4. ☐   ☐
5. ☐   ☐

2. Sentirete due parole per ogni numero (A e B). Scrivete una ✗ dove sentite [ɔ] come in *occhio*.

     A   B

1. ☐   ☐
2. ☐   ☐
3. ☐   ☐
4. ☐   ☐
5. ☐   ☐

3. Sentirete una parola per ogni numero. Scrivete (–) se sentite [o] e (+) se sentite [ɔ].

1. ☐   2. ☐   3. ☐   4. ☐   5. ☐   ⚷

Discriminazione 🔲

1. Sentirete due coppie di parole per ogni numero (A e B). Scrivete una ✗ dove sentite due parole uguali.

     A   B

1. ☐   ☐
2. ☐   ☐
3. ☐   ☐
4. ☐   ☐
5. ☐   ☐

2. Sentirete due parole per ogni numero. Scrivete una ✗ solo dove sentite due parole uguali.

1. ❑   2. ❑   3. ❑   4. ❑   5. ❑

3. Ascoltate. Queste sono parole che esistono in italiano.

4. Sentirete tre parole per ogni numero (A, B e C). Segnate con una ✗ le due parole uguali.

	A	**B**	**C**
1.	❑	❑	❑
2.	❑	❑	❑
3.	❑	❑	❑
4.	❑	❑	❑
5.	❑	❑	❑

5. Ascoltate le frasi e indicate la parola che sentite in ogni frase.

1. a) [o]　　　　b) [ɔ]
2. a) c[o]lto　　　b) c[ɔ]lto
3. a) l[o]ro　　　b) l'[ɔ]ro
4. a) b[o]tte　　　b) b[ɔ]tte
5. a) v[o]lto　　　b) v[ɔ]lto

Imitazione

1. Ripetete le coppie di parole senza guardare il testo.

o [o]　　　　　　ho [ɔ]
colto ['kolːto]　　colto ['kɔlːto]
loro ['loːro]　　　l'oro ['lɔːro]
botte ['botːte]　　botte ['bɔtːte]
volto ['volːto]　　volto ['vɔlːto]

2. Riascoltate e ripetete le frasi dell'esercizio n. 5.

| **Dialogo** 📼 | **Oh no! Così tocca a me.** |

1. Rosa e
Roberto sono
in casa.
Ascoltateli
senza guardare   5
il testo.

    Oggi ho incontrato Gioia.
Dove?
In un negozio.
Come sta?
Bene. Sai? Si sposa presto.
No, com'è possibile?
Ha ottenuto il divorzio, è così felice!
Così, presto avremo un altro matrimonio...
Eh sì, forse in agosto.

10   Ah!
Oh, sono proprio contenta, io sono in vacanza!
Oh no! Così tocca a me. Io non ho voglia!
Caro, io sono andata al primo, ora tu vai al secondo!

2. Riascoltate e segnate il relativo accento sopra le *o* scritte in neretto (ò = [ɔ], ó = [o]).

Oggi ho incontrato Gi**o**ia.

D**o**ve?

In un neg**o**zio.

C**o**me sta?

Bene. Sai? Si sp**o**sa presto.

No, com'è possibile?

Ha ottenuto il div**o**rzio, è così felice!

Così, presto avremo un altro matrim**o**nio...

Eh sì, f**o**rse in ag**o**sto.

Ah!

Oh, s**o**no pr**o**prio contenta, io sono in vacanza!

Oh n**o**! Così t**o**cca a me. Io n**o**n ho v**o**glia!

Caro, io sono andata al primo, ora tu vai al sec**o**ndo!

3. Controllate il vostro esercizio. ➞●
    Leggete le parole in cui la *o* è sottolineata.

4. Prima di riascoltare il dialogo leggete le seguenti domande:
   a. Qual è la parola in rilievo in *"È così felice!"* (riga 7)?
   b. Com'è lo stato d'animo di Roberto (riga 12)?
   Ora riascoltate e leggete il dialogo in silenzio. Rispondete alle domande
   precedenti.

5. Leggete il dialogo in coppia (A e B). A: Rosa, B: Roberto.

Intonazione

1. Trasformate dalla
   frase affermativa
   alla negativa.

Oggi ho incontrato Gioia.
Oggi non ho incontrato Gioia.

1. Conosco Gioia molto bene.
2. Mi ricordo di lei.
3. Vado al suo matrimonio.
4. Posso comprare il regalo.

Pausa

1. Ripetete facendo
   attenzione alla
   pausa (//) e
   imitando Roberto
   che si lamenta.

Oh no! // Così tocca a me.

1. Oh no! // Non ho voglia.
2. Oh no! // Forse è in agosto.
3. Oh no! // C'è un matrimonio.

Unione di sillabe

Se *non* si trova davanti a una parola che comincia per vocale, [n] si unisce
alla sillaba seguente.

1. Ripetete
   le frasi.

Io non ho voglia.

1. Io non ho sonno.
2. Io non ho i soldi.
3. Io non ho lavoro.
4. Io non ho un posto.

Accento di parola

1. Ripetete facendo
   attenzione alla
   parola in rilievo.

È così felice!

1. È *così* affettuosa!
2. È *molto* giovane!
3. È *molto* dolce!

Intervallo

1. Gli studenti leggono le parole in silenzio e dividono quelle con il suono [o] da quelle con il suono [ɔ].

[o]	[ɔ]

voto   loro
dono   topo
nono   forte
porte   morte
cosa   sonno
monte   ponte
corto   coro
moda   toro
posto   cono
moto   sono
sole   sopra

2. Lavorate in coppia (A e B). **A** dice una parola, **B** ne deve dire un'altra con la stessa *o*. Se B risponde bene è lui che propone la parola successiva, altrimenti continua A.

A: *solo* [o]
B: *dopo* [o]

3. Qual è la parola che non ha la stessa vocale delle altre tre?

1. porta, foglia, bocca, rosa.
2. limone, ponte, dodici, povera.
3. borsa, pronto, sporco, lavoro.
4. ora, oro, nord, stop.
5. gola, voce, tosse, ovest.

4. Leggete le seguenti parole e indicate quelle che contengono il suono [ɔ] = *ò*.

sotto, opposto, arrosto, risotto, cotto, posto, costo, corto, nonno, morto, lavoro, coro, sonno, poi, oro, goccia, noi, gioco, molto, otto, ho.

Ora inseritele nel dialogo che segue.

Romolo – Oggi a pranzo c'è _____ ai funghi porcini e pollo

_____.

Sofia – Cucini tu?

Romolo – No, quando torno sono stanco _____, poi non so cucinare. È sempre tutto troppo _____ o troppo salato.
Mio _____ è un ottimo cuoco.

Sofia – Hai un nonno d'_____!

Romolo – Lui vuole cucinare ad ogni _____, comincia ogni
mattina alle _____.

Sofia – Così presto?!

Romolo – Eh sì, per lui è un _____.

Sofia – Non esce mai la mattina?

Romolo – Sì, _____ va a giocare a bocce.

Sofia – Favoloso!

Romolo – E canta anche in un _____.

Sofia – Ma quanti anni ha?

Romolo – Ottanta.

Sofia – _____ tanta voglia di conoscerlo! ⊶

Ora leggete il brano in coppia (A e B). A: Romolo, B: Sofia. Fate attenzione alla pronuncia di [o] e [ɔ] e all'intonazione.

Pronuncia e grafia

I suoni [o] [ɔ] sono rappresentati nella scrittura dalla lettera *o*.
In fine di parola solo [ɔ] è accentata, quindi si può avere solo *ò*:
però, perciò.

I suoni [o] [ɔ] distinguono parole di significato diverso:

A) 1. colto   a ['kol:to]   b ['kɔl:to]
    2. volto   a ['vol:to]   b ['vɔl:to]
    3. botte   a ['bot:te]   b ['bɔt:te]

In altre parole la distinzione si evidenzia anche nella scrittura:

B) 1.   a [o] o   b [ɔ] ho
    2.   a ['lo:ro] loro   b ['lɔ:ro] l'oro
    3.   a [lo] lo   b [lɔ] l'ho

1. Inserite tutte le parole di A) e B) nelle frasi che seguono.

1. Hai visto il libro? _____ trovato io.
2. Ha _____ in pieno il senso di quello che volevo dire.
3. Quest'anno ho comprato una _____ di vino.
4. È un ragazzo violento fa a _____ con facilità.
5. È molto _____, ma per niente simpatico.
6. Parti ora _____ preferisci dormire a casa mia?
7. "_____" vuol dire "viso" ?
8. Ieri sera in discoteca mi _____ e, tu non puoi immaginare chi ho visto?
9. Non _____ nessuna voglia di ascoltare le tue chiacchiere.
10. Perché non torni a Roma con _____?
11. Sai quanto vale _____?
12. Non _____ so se il biglietto dello spettacolo costa molto.

9   a, A [a] **albero**

Ascoltate il suono [a]. Per pronunciare questo suono la lingua deve essere piatta, il più in basso possibile. Il dorso è al centro della bocca. Le labbra sono molto aperte. Pronunciate una [a] lunga: [aaaaa]. Continuate in silenzio. Pensate alla posizione della vostra lingua.

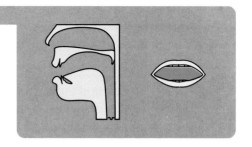

Imitazione

1. Ascoltate le parole guardando le figure.

2. Riascoltate. Fermate la cassetta dopo ogni parola e ripetete in silenzio.

3. Riascoltate le parole e ripetete a voce alta.

Dialogo   **Ah, ora anche la mamma!**

1. Mara è a casa di Andrea. Ascoltate senza guardare il testo.

Ah..., Andrea, andiamo a cavallo sabato?
Ahm... devo rimanere a casa.
Ancora la stessa cosa, dai!
Ma... sai, fa caldo e poi la ma...
5   La mano? Ma non ti faceva più male!
No, volevo dire la mamma.
La mamma?

69

Sai, non vuole che vada a cavallo.
Ah, ora anche la mamma!
10 Dai, parla piano.
Andrea!!
Ma', sì, arrivo!.. sarà per un'altra volta...
Mah, non ci sarà mai un'altra volta!

2. Ripetete le parole senza guardare il testo. 🔲

3. Prima di riascoltare il dialogo leggete le seguenti domande:
a. Perché Andrea fa delle pause (riga 4)?
b. Perché Andrea parla in questo modo (riga 10)?
c. Perché Andrea parla con questo volume (prima parte riga 12)?
Ora riascoltate e leggete il dialogo in silenzio. Rispondete alle domande precedenti.

4. Riascoltate il dialogo, fermatevi dopo ogni battuta e ripetete.

5. Leggete il dialogo in coppia (A e B). A: Mara, B: Andrea.

Intonazione 🔲

1. Ripetete le
frasi a persone
che sono
lontane da voi.

Ma', sì arrivo!

1. Ma', è arrivata Anna!
2. Mara, vado a cavallo!
3. Cara, sono in giardino!

2. Ripetete
le frasi
bisbigliando.

Dai, parla piano.

1. Dai, sarà per un'altra volta.
2. Dai, ho paura del cavallo.
3. Dai, arriva mia madre.

Pausa 🔲

1. Ripetete le
frasi facendo
attenzione alle
pause (//). Imitate
Andrea che
è imbarazzato.

Ma // sai, // fa caldo.

1. Ma // sai, // sono stanco.
2. Ma // sai, // non è facile.
3. Ma // sai, // la mamma.

Accento di parola 🔲

1. Ripetete le frasi facendo attenzione alla parola in rilievo.

*Mah, non ci sarà **mai** un'altra volta.*

1. Mah, non andremo *mai* via insieme.
2. Mah, in realtà non vai *mai* a cavallo.
3. Mah, non esci *mai* di sabato.

Cogeminazione 🔲

1. Ripetete le frasi allungando la consonante sottolineata.

Andiamo a cavallo. [akka'val:lo]

1. Sa *t*utto di me.
2. Ha *v*isto mia madre.
3. Sarà *d*omani.
4. Sta *m*ale.
5. Già *s*o la verità.

Unione di sillabe 🔲

Se *con* e *per* si trovano davanti a una parola che comincia per vocale, la [n] e la [r] si uniscono alla sillaba seguente.

1. Ripetete le frasi.

Vado a cavallo con Andrea.

1. Mangio con Anna.
2. Andava con Angela.
3. Lo faccio per Anna.
4. Lavoro per Aldo.

Accento - Parole con tre sillabe

La parola *sabato* ha questo schema di accento: ● • •
(● indica la sillaba accentata) 'sa- ba- to

1. Sottolineate le parole che hanno l'accento come *sabato*.

mangiano, banana, abito, amaro, pagina, rapido, bagaglio, pratica, armadio, cadono, parlano. ━●

2. Leggete tutte le parole facendo attenzione alla posizione dell'accento. Le forme verbali del presente indicativo che finiscono in -*ono* e -*ano* hanno l'accento sulla 3ª sillaba contando dalla fine della parola (● • •).

Conversazione

ah può avere molti significati. Vediamone alcuni.

Arriva Lucia.　　　*aah*: sono contento/a, felice
　　　　　　　　　ah: sono sorpreso/a
　　　　　　　　　aha: sono molto sorpreso/a, ci sono problemi.

Lavorate in coppia (A e B). **A** dice una frase, **B** risponde con una delle tre espressioni prima ascoltate.

A	B
1. Stasera usciamo.	1. aah!
2. Non studiamo più.	2. ah!
3. Andiamo al mare!	3. aha!
4. Non ha la macchina.	
5. L'esame è andato male.	
6. Non c'è acqua.	

Intervallo

Le parole in silenzio

1. L'insegnante mima una parola con la bocca (senza fare uscire la voce), gli studenti devono individuare la parola che, secondo loro, è stata detta.

　1. ogni, etto, anni, essi.
　2. volere, valere, valore, volare.
　3. mio, mai, mia, mie.
　4. posto, pasto, pasta, posta.
　5. pizza, pazza, pozza, puzza.
　6. penna, panna, banco, busta.
　7. amore, amiche, imbuto, ombra.
　8. sale, sole, solo, sola.

2. Gli studenti, suddivisi in gruppi, scelgono le parole che vogliono mimare e le comunicano all'insegnante. Successivamente lo studente di un gruppo pone il quesito agli studenti dell'altro.

Pronuncia e grafia

Il suono [a] si scrive con la lettera *a*:

animale, arte, aula, barba, brava, gamba, insalata, panorama, teatro.

Quando il suono è in sillaba accentata finale di parola si scrive un accento grafico grave *à*:

avrà, bontà, chissà, città, già, libertà, località, papà, sarà, verità.

1. Completate le frasi con le parole che seguono.

da, dà (dare), *fa, fa', la, là, l'ha, ma, m'ha, qua, sa, sta, sta', va, va'.*

1. Carla _____ male, non può venire in discoteca.
2. Se Anna mi _____ la sua macchina, vengo _____ te dopo cena.
3. _____ buono, tra poco torna _____ mamma.
4. Sara _____ detto che _____ via.
5. Tuo padre lo _____ che hai deciso di partire?
6. _____ via, non ti voglio più vedere _____ vicino a me.
7. _____ cosa pensi, Gianna _____ ancora sport?
8. _____ svelto! Dobbiamo arrivare _____.
9. Domani partiamo, me _____ detto Mara.

Un dittongo è la sequenza di due vocali, la prima delle quali può essere accentata.

Imitazione

1. Ascoltate le parole guardando le figure.

2. Riascoltate. Fermate la cassetta dopo ogni parola e ripetete in silenzio.

3. Riascoltate le parole e ripetete a voce alta.

Dialogo In Australia, in autobus?

1. Mauro e Fausto si sono incontrati per strada. Ascoltateli senza guardare il testo.	Ciao Fausto, come va? Bene, sto per partire per le vacanze. Ah, sì?! Eh sì, ho bisogno di una pausa. 5 Fai bene, io in autunno andrò in Australia. Mhm, io torno in Austria, ne ho la nostalgia. Ti piace la vecchia Europa, eh? Ma, sai, ci sono stato quando mi sono laureato, così...

Ah, io quando facevo il liceo.

10 Che bei musei! eh?

Eh, sì. Vai in treno o in auto?

No, questa volta vado in autobus, anche tu?

In Australia, in autobus? Che idea! Forse è meglio in aereo, che ne dici?

2. Ripetete le parole senza guardare il testo.

3. Prima di riascoltare il dialogo leggete le seguenti domande:
   a. Come saluta Mauro, è contento (riga 1)?
   b. Perché Fausto non finisce la frase (riga 8)?
   Ora riascoltate e leggete il dialogo in silenzio. Rispondete alle domande precedenti.

4. Riascoltate il dialogo, fermatevi dopo ogni battuta e ripetete

5. Leggete il dialogo in coppia (A e B). A: Mauro, B: Fausto.

Intonazione

1. Ripetete le frasi con allegria. La tonalità di tutta la frase è alta.

Ciao Fausto, come va?

1. Ciao Mauro, dove vai?
2. Ciao Laura, che fai?
3. Ciao Claudio, dove vai?

2. Ripetete le domande controllando l'intonazione.

Vai in treno o in auto?

1. Vai in aereo o in autobus?
2. Sei europeo o australiano?
3. Sei australiano o austriaco?

Pausa

1. Ripetete facendo attenzione alle pause (//) e immaginando di essere interrotti.

Ma, sai // ci sono stato quando mi sono laureato // così...

1. Ma, sai // ci sono stato quando facevo il liceo // così...
2. Ma, sai // noi andiamo al museo // così...
3. Ma, sai // io sono europeo // così...

Accento di parola 🔲

1. Ripetete facendo attenzione alle parole in rilievo.

In Australia, in autobus?

1. In Australia, *in auto?*
2. In Austria, *in aereo?*
3. In Europa, *in autunno?*

Pronuncia e grafia

1. 🔲 Ascoltate e scrivete le parole senza senso.

1. _____ 2. _____ 3. _____ 4. _____

5. _____ 6. _____ 7. _____ 8. _____

2. Leggete le parole e inseritele nelle frasi che seguono.

platea, idea, corteo, autore, auguri, aula, laurea, aumentati, pausa, automatica.

1. Ho incontrato Paolo, sai che sta per prendere la _____?
2. Che _____ andare con l'auto in centro! C'era un _____ e non si poteva passare, ho fatto una fila di due ore.
3. Abbiamo prenotato posti in _____, sono molto cari. Forse sono _____.
4. La lezione è in _____ sei, cerca di arrivare in orario.
5. Lui dice di essere un _____ molto noto, ma in realtà nessuno conosce i suoi libri.
6. Tanti _____ per il tuo viaggio in Europa!
7. Sono molto stanco/a, ho bisogno di una _____.
8. La chiusura della porta è _____, fai attenzione!

11

Praticate prima il suono [i]. Ascoltate il suono [j].
Per pronunciare questo suono avvicinate la lingua
al palato lasciando uno spazio per il passaggio
dell'aria. La lingua è in movimento e, non ferma
come per il suono [i]. Le labbra sono distese.

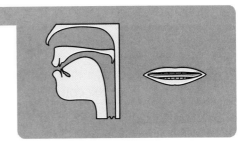

Imitazione

1. Ascoltate le parole guardando le figure.

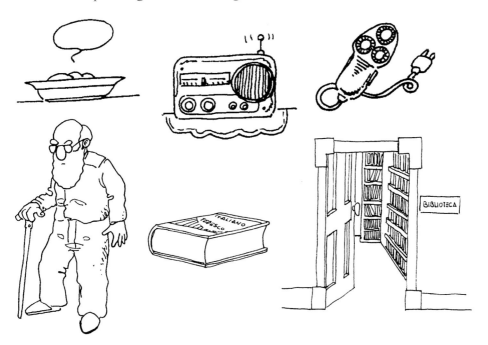

2. Riascoltate. Fermate la cassetta dopo ogni parola e ripetete in silenzio.

3. Riascoltate le parole e ripetete a voce alta.

Dialogo Se è un'occasione...

1. Giulia telefona
a Mario per
chiedergli un
piacere.
Ascoltateli senza
guardare il testo.

Pronto?
Ciao Mario, sono Giulia, posso chiederti un piacere?
Dimmi, se posso te lo faccio volentieri.
Mi presti il tuo dizionario d'italiano?
5   Mi dispiace, ma mi serve.
Allora, niente... lo chiederò a Sonia.
Guarda, non ce l'ha nemmeno lei, studia insieme a me.
Ah, allora chiamerò quel ragazzo italiano che conosco.

Perché non vai in biblioteca?
10 Ma chiude piuttosto presto e poi è sempre troppo piena.
Ieri ho letto che ne vendono uno vecchio.
Vedrò, se è un'occasione...
Ma sì, è sicuramente conveniente!

2. Ripetete le parole senza guardare il testo. ▣

3. Prima di riascoltare leggete le seguenti domande:
Giulia chiede un piacere a Mario (riga 4). È gentile?
Com'è la tonalità di tutta la frase?
Riascoltate e leggete il dialogo in silenzio. Rispondete alle domande
precedenti.

4. Riascoltate il dialogo, fermatevi dopo ogni battuta e ripetete.

5. Leggete il dialogo in coppia (A e B). A: Mario, B: Giulia.

Intonazione ▣

1. Ripetete le
frasi in modo
gentile.

Mi presti il tuo dizionario?

1. Mi presti la tua radio?
2. Mi presti un paio di piatti?
3. Mi presti il rasoio?

2. Ripetete le frasi.
State suggerendo
delle idee a un
amico.

Perché non vai in biblioteca?

1. Perché non vai in corridoio?
2. Perché non vai nel tuo studio?
3. Perché non vai in chiesa?

Accento di parola ▣

1. Ripetete le frasi
facendo attenzione
alla parola in
rilievo.

Se posso, te lo faccio volentieri.

1. *Se posso*, ti aiuto volentieri.
2. *Grazie*, non fa niente.
3. *Certo*, è un piacere.

Pausa 📼

1. Ripetete
le frasi
facendo
attenzione
alle pause.

Guarda, // non ce l'ha nemmeno lei, // studia insieme a me.

1. Guarda, // non viene, // non le piace mai niente.
2. Guarda, // non parla l'italiano, // è straniero.
3. Guarda, // non te lo chiede, // non ha preso una decisione.

Cogeminazione 📼

1. Ripetete
allungando
la consonante
sottolineata.

Più conveniente. [ˌpjukkoɱveˈnjɛnːte]

1. Più vecchio.
2. Più caro.
3. Più nuovo.
4. Più forte.

Conversazione

1. Guardate le figure. Lavorate in coppia (A e B). **A** pone una domanda, **B**
risponde. La risposta deve contenere il suono [j].

A: *Che lavoro fa Dario?*
B: *Dario fa l'operaio.*

| Dario | Daniele | Stefania | Giulio | Chiara |

🔑

2. Lavorate in tre (A, B e C). A legge una frase. B legge quella corrispondente. C ascolta le frasi di A e B e forma una frase usando la parola tra
parentesi. La prima frase è già fatta.

A	B
1. Un dizionario vecchio costa L. 30.000.	1. Uno nuovo L. 90.000.
2. Sonia lavora da dieci anni.	2. Valerio lavora da due anni.
3. Daniela studia dieci ore al giorno.	3. Chiara ne studia sei.
4. Giulia dorme sei ore per notte.	4. Mario ne dorme dieci.

C
1 (conveniente)   *Un dizionario vecchio è più conveniente di uno nuovo.*
2 (esperienza)
3 (studiare)
4 (dormire)

Intervallo

Indovinello

L'insegnante divide gli studenti in due squadre e pone un quesito. Ogni
squadra deve rispondere senza guardare il testo e aspettando la fine della
formulazione del quesito. Chi risponde prima, ha il punto. Se sbaglia passa
la mano. La soluzione è una parola che contiene il suono [j].

1. Circa cento.
2. Il nome degli abitanti di Firenze.
3. Lo è chi soffre di noia.
4. Servono per proteggersi dal sole.
5. Il plurale di pianoforte.
6. Quella dell'Italia è tricolore.
7. Viene dopo 999.999.
8. Lo fanno le api.
9. L'opposto di giovane.
10. L'opposto di vuoto.
11. Circa mille.
12. Prima di oggi.

Pronuncia e grafia

Il suono [j] si scrive con la lettera *i*, è sempre seguito da vocale:
*buio, chiuso, corridoio, fiore, miele, milione, noioso, paio, piano, silenzioso,
vassoio.*

Questo suono, in italiano, è sempre breve:
buio ['buːjo] *ieri* ['jɛːri] *noioso* [noˈjoːzo].

12

Praticate prima il suono [u]. Ascoltate il suono [w].
La lingua ha un movimento veloce e non è ferma
come per la vocale [u]. Le labbra sono in avanti e
molto arrotondate. Le guance sono molto vicine tra
di loro.

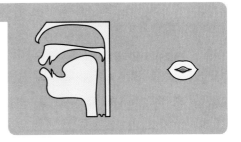

Imitazione

1. Ascoltate le parole guardando le figure.

2. Riascoltate. Fermate la cassetta dopo ogni parola e ripetete in silenzio.

3. Riascoltate le parole e ripetete a voce alta.

Dialogo   Che suocera che sei!

1. Luigi e Augusta
entrana nella casa
di campagna di
Luigi. Ascoltateli
senza guardare
il testo.

Mamma mia, qui si muore dal freddo!
Una casa vuota, senza riscaldamento, non può
essere calda.
Quasi quasi è più caldo fuori.
5 Facciamo qualcosa!
Buona idea, guardo la televisione.
Ah sì, vuoi scaldarti e guardi la tv?!
Un whisky, ecco quello che ci vuole!

81

Sì...
10 E che vuoi che faccia?
Se ti muovi stai meglio.
Può darsi.
Puoi accendere il fuoco!
Il fuoco?!
15 Eh, così cuoci qualcosa da mangiare, vuoi una mano?
No, ci vuole troppo.
E allora senti, continua a sentire freddo. Io me ne vado, buona notte!
Che suocera che sei!

2. Ripetete le parole senza guardare il testo. 🖸

3. Prima di riascoltare leggete le seguenti domande:
a. Com'è la tonalità finale nella prima frase di Luigi (riga 1), ascendente o discendente?
b. Qual è la parola più in rilievo alla riga 8?
Riascoltate e leggete il dialogo in silenzio. Rispondete alle domande
precedenti.

4. Riascoltate il dialogo, fermatevi dopo ogni battuta e ripetete.

5. Leggete il dialogo in coppia (A e B). A: Luigi, B: Augusta.

Intonazione 🖸

1. Ripetete le frasi
controllando
l'intonazione.

Qui si muore dal freddo!

1. Qui ci vuole una casa nuova!
2. Qui ci vuole un buon cuoco!
3. Qui ci vogliono delle uova!

2. Ripetete le frasi.
State suggerendo
delle idee a un
amico.

Puoi accendere il fuoco!

1. Puoi nuotare!
2. Puoi continuare a suonare!
3. Puoi muoverti un po'!

Pausa

1. Ripetete facendo attenzione alle pause e abbassando la tonalità della parte centrale della frase.

Una casa vuota, // senza riscaldamento, // non può essere calda.

1. Un vino bianco, // tenuto vicino al fuoco, // non può essere buono.
2. Una suocera, // come la tua, // non può andare d'accordo con la nuora.
3. Un bravo cuoco, // come tuo suocero, // non può cucinare solo uova.

Accento di parola

1. Ripetete facendo attenzione alla parola in rilievo.

*Un whisky, **ecco** quello che ci vuole!*

1. Un buon vino, *ecco* quello che ci vuole!
2. Un bel fuoco, *ecco* quello che ci vuole!
3. Due uova, *ecco* quello che ci vuole!

Cogeminazione

1. Ripetete allungando la consonante sottolineata.

Può darsi. [pwɔd'dar:si]

1. Può *t*ornare.
2. Può *s*entire freddo.
3. Può *b*ere quello che *v*uole.

Suoni e vocabolario

1. Quali sono le parole che contengono il suono [w] e hanno somiglianza con le parole che seguono?

bontà   *buono*
focolare
umano
movimento
cotto
novità
affetto

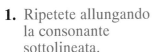

Pronuncia e grafia

Il suono [w] si scrive con la lettera *u*, è sempre seguito da una vocale:
duomo, luogo, nuora, nuovo, scuola, suono, suora, tuono.
Questo suono, in italiano, è sempre breve.

1. 🔲 Ascoltate e scrivete le parole senza senso.

1. _____ 2. _____ 3. _____

4. _____ 5. _____ 6. _____

🔑

1. A quale di queste persone fareste dire questi suoni?
Scriveteli all'interno della nuvoletta.

1. [etʃ'tʃi] etcì!   2. ['oo] ooh!   3. ['bo] boh!   4. ['ai] ahi!
5. ['ɛ] eh?   6. [ɛ'ɛ] eeh!   7. ['ei] ehi!   8. ['aa] aah!

2. Lavorate in coppia (A e B). **A** dice una battuta, **B** risponde.

Accento

1. Leggete le parole e sottolineate con un trattino la sillaba accentata.

veloce, dormono, vivono, rapido, credere, moderno, cadere, limone, splendi-do, veramente, ridere, facile.

Unione di sillabe

1. Leggete le frasi.

1. Eravamo in otto.
2. Per una volta.
3. Per oggi basta così.
4. Non è vero.
5. Non ho avuto niente.
6. Lo fa con amore.
7. Rimango un'ora.

Conversazione

1. Lavorate in coppia (A e B). **A** legge la risposta, **B** crea la domanda.

A: *Alle cinque.*
B: *A che ora vieni?*

1. Mio fratello.
2. All'università.
3. Ho l'esame.
4. Sto bene, grazie.
5. Le undici.
6. Studio l'italiano.
7. A Milano.
8. Un panino.
9. Una birra.
10. Da Roma.

2. Lavorate in coppia (A e B). **A** legge la risposta, **B** crea la domanda.

A: *No, non posso.*
B: *Mangi con noi?*

1. Sì, va bene.
2. No, grazie.
3. Sì, subito.
4. Sì, un caffè.
5. Sì, alle sei.
6. No, domani.
7. Sì, a cena.
8. No, al cinema.
9. No, è una donna.
10. Sì, vive con noi.

Intervallo

1. Ascoltate i brevi dialoghi con cinque *sì* diversi, come risposta.
Hai parlato tu con il professore?
Sì.

Indicate con una ✗ a quale dei seguenti stati emotivi corrisponde la risposta.

	serio	arrabbiato	orgoglioso	spaventato	allegro
1.	☐	☐	☐	☐	☐
2.	☐	☐	☐	☐	☐
3.	☐	☐	☐	☐	☐
4.	☐	☐	☐	☐	☐
5.	☐	☐	☐	☐	☐

Riascoltate, fermatevi dopo ogni battuta e ripetete.

2. Ascoltate i brevi dialoghi con cinque *no* diversi, come risposta.

Darai l'esame domani?
No.

Indicate con una ✗ a quali dei seguenti stati emotivi corrisponde la risposta.

	indeciso	terrorizzato	serio	arrabbiato	felice
1.	☐	☐	☐	☐	☐
2.	☐	☐	☐	☐	☐
3.	☐	☐	☐	☐	☐
4.	☐	☐	☐	☐	☐
5.	☐	☐	☐	☐	☐

Riascoltate, fermatevi dopo ogni battuta e ripetete. 🔑

CONSONANTI

L'aria

1. Fate uscire l'aria dalla bocca.

2. Quando soffiate, l'aria esce dalla bocca e la sentite sulla mano.

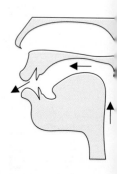

3. Chiudete la bocca e fate uscire l'aria dal naso.

4. L'aria esce dal naso e la sentite sulla mano.

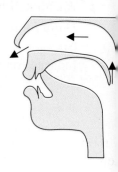

5. Chiudete bene la bocca. Non fate uscire l'aria all'esterno.

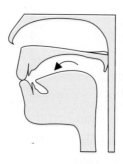

L'aria è dentro la vostra bocca.

6. Aprite le labbra, l'aria esce velocemente.

88

Esercizi

1. Chiudete bene le labbra. Fate uscire l'aria dal naso e dite [m].

2. Trattenete l'aria all'interno della bocca, provate a dire [p].
   L'aria non può essere trattenuta a lungo e il suono dura poco.

3. Portate la punta della lingua vicino ai denti inferiori.

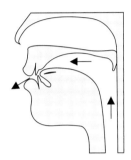

Fate uscire l'aria e pronunciate [s].
L'aria esce lentamente e il suono dura a lungo.

L'interno della bocca

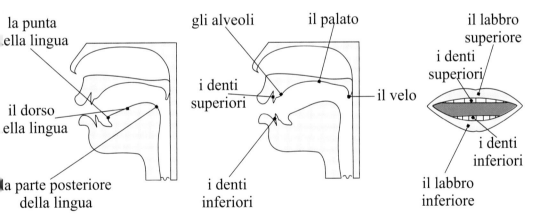

la punta della lingua   gli alveoli   il palato   il labbro superiore

i denti superiori

il dorso della lingua   i denti superiori   il velo

la parte posteriore della lingua   i denti inferiori   il labbro inferiore   i denti inferiori

Esercizi

1. Toccate i denti superiori con la punta della lingua. Dite [t] in silenzio.

2. Toccate gli alveoli con la punta della lingua. Dite [l] in silenzio.

3. Toccate il palato con il dorso della lingua. Dite [ɲ] in silenzio.
   Questo è il suono della parola *legno*.

4. Toccate il velo con la parte posteriore della lingua. Dite [k] in silenzio.

La sonorità

 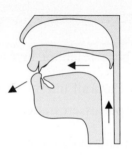

1. Portate l'interno
   del labbro inferiore
   contro i denti superiori.

2. Fate uscire l'aria e pronunciate [f].
   L'aria esce liberamente.
   Chiudete le orecchie con le mani e dite [fffff].
   Non si sente nessuna vibrazione. Questo è un suono non-sonoro.
   Mettete una mano sul collo e dite [fffff]. Non si sente nessuna vibrazione.

 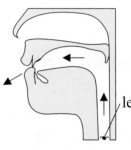

le corde vocali

3. Portate l'interno
   del labbro inferiore
   contro i denti superiori.

4. Fate uscire l'aria e pronunciate [v].
   L'aria non esce liberamente.
   Chiudete le orecchie con le mani e dite [vvvvv].
   Dovete sentire la vibrazione delle corde vocali.
   Questo è un suono sonoro.
   Mettete una mano sul collo e dite [vvvvv].
   Dovete sentire la vibrazione delle corde vocali.

5. Dite [ff vv ff vv ff vv]. Se non sentite la differenza provate ancora.

   Mettete una mano davanti alla bocca (a circa 10-15 cm.) e dite [fffff], l'aria esce con forza e arriva sulla vostra mano. Fate la stessa cosa e dite [vvvvv], l'aria esce con minore forza e non riesce a arrivare sulla vostra mano.

Esercizio 🔊

Ascoltate le seguenti sillabe e scrivete una ✗ quando il suono iniziale è sonoro.

1.☐ 2.☐ 3.☐ 4.☐ 5.☐ 6.☐ 7.☐ 8.☐ 9.☐ 10.☐ 11.☐ 12.☐ 13.☐ 14.☐ 15.☐

13 consonanti geminate

Una consonante geminata è una consonante che ha una durata maggiore: è più lunga del normale (in media il doppio). Leggete in silenzio la parola ['mam:ma] e, sempre in silenzio, dividetela in sillabe ['mam-ma]. Il suono [m] comincia nella prima sillaba a finisce nella successiva. Pronunciate la parola a voce alta senza interruzione.

Identificazione

1. Ascoltate le parole senza senso. Sentirete due parole per ogni numero (A e B). Scrivete una ✗ dove sentite il suono breve come in *sono*.

A B
1. ❑ ❑
2. ❑ ❑
3. ❑ ❑
4. ❑ ❑
5. ❑ ❑

2. Sentirete due parole per ogni numero (A e B). Scrivete una ✗ dove sentite il suono lungo come in *sonno*.

A B
1. ❑ ❑
2. ❑ ❑
3. ❑ ❑
4. ❑ ❑
5. ❑ ❑

3. Sentirete una parola per ogni numero. Scrivete una ✗ dove sentite il suono lungo.

1. ❑ 2. ❑ 3. ❑ 4. ❑ 5. ❑ ➦

Discriminazione

1. Sentirete due coppie di parole per ogni numero (A e B). Scrivete una ✗ dove sentite due parole uguali.

A B
1. ❑ ❑
2. ❑ ❑
3. ❑ ❑
4. ❑ ❑
5. ❑ ❑

2. Sentirete due parole per ogni numero. Scrivete una ✗ solo dove sentite due parole uguali.

1. ☐   2. ☐   3. ☐   4. ☐   5. ☐

3. Ascoltate. Queste sono parole che esistono in italiano.

4. Sentirete tre parole per ogni numero (A, B e C). Segnate con una ✗ le due parole uguali.

	A	**B**	**C**
1.	☐	☐	☐
2.	☐	☐	☐
3.	☐	☐	☐
4.	☐	☐	☐
5.	☐	☐	☐

5. Ascoltate le frasi e indicate la parola che sentite in ogni frase.

1. a) nona   b) nonna
2. a) copia   b) coppia
3. a) pala   b) palla
4. a) camino   b) cammino
5. a) sono   b) sonno   ⊶

Imitazione

1. Ripetete le coppie di parole, guardando le figure.

2. Riascoltate e ripetete le frasi dell'esercizio n. 5.

Dialogo

1. Ascoltate Anna e Gianni senza guardare il testo.

Prendi l'ombrello, fa brutto tempo.
No, non è necessario, vado in macchina.

2. Ripetete le parole senza guardare il testo.

3. Riascoltate il dialogo, fermatevi dopo ogni battuta e ripetete.

Intonazione

1. Trasformate da
frase affermativa
a interrogativa.

Prendi l'ombrello.
Prendi l'ombrello?

1. Prendi il cappello.
2. Prendi il cappotto.
3. Prendi la giacca.

2. Ripetete
le frasi
controllando
l'intonazione.

No, non è necessario, vado in macchina.

1. No, non è necessario, aspetto mia sorella.
2. No, non è necessario, corro a casa.
3. No, non è necessario, cammino velocemente.

Suoni e vocabolario

1. Formate le frasi, secondo l'esempio, guardando le figure.

1.

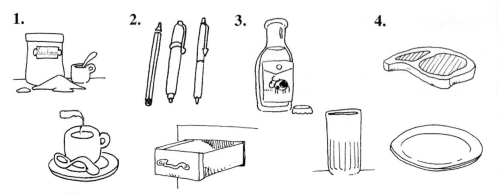

2. Lavorate in coppia (A e B). **A** chiede: *"Che lavoro fa Vittorio?"*. **B** risponde guardando le figure: *"Fa il poliziotto"*. La risposta deve contenere le consonanti geminate.

Vittorio   *Anna*   *Tommaso*   *Massimo*   *Donatello*   *Giovanni*

3. Lavorate in coppia (A e B). **A** chiede: *"Quanti anni ha Gianna?"* **B** risponde guardando la figura: *"otto"* (oppure: *ha otto anni*).

A:

1. Quanti anni ha Gianna?
2. Quanti anni ha suo fratello?
3. E sua madre?
4. Quanti anni ha suo padre?
5. E il nonno?
6. Quanti anni ha sua nonna?

Dialogo 📼 **...prendimi anche dei cioccolatini.**

1. Susanna esce per fare la spesa, Elisabetta le chiede di comprare qualcosa. Ascoltatele guardando le figure.

2. Ripetete le parole guardando le figure.

3. Riascoltate il dialogo guardando le figure.

4. Riascoltate il dialogo, fermatevi dopo ogni battuta di Elisabetta e ripetete imitando l'intonazione, guardando le figure.

5. Ascoltate guardando le figure, Elisabetta non parla più. Dovete parlare al suo posto. Chiedete a Susanna di fare la spesa.

6. Lavorate in coppia (A e B). Riascoltate il dialogo, fermatevi dopo ogni due battute e ripetete (A: Susanna, B: Elisabetta). 🔑

Intonazione 📼

1. Avete notato come dice Elisabetta: *"Un etto di prosciutto, il formaggio e l'acqua"*? Com'è il tono dell'ultima parola? Sale o scende?

Ripetete le frasi
controllando
l'intonazione.

1. Il latte, un pacchetto di caffè e lo zucchero.
2. I biscotti, la mozzarella e i cioccolatini.
3. La panna, la camomilla e i piselli.

2. Invitate un amico
ad assaggiare
qualcosa.
Ripetete le frasi.

Assaggia il vino rosso!

1. Assaggia la cioccolata!
2. Assaggia questi pasticcini!
3. Assaggia questo risotto!

3. Siete in un
negozio per
fare la spesa.
Ripetete le frasi.

Vorrei un sacchetto di caramelle.

1. Vorrei un pacco di spaghetti.
2. Vorrei un barattolo di pomodori.
3. Vorrei una bottiglia di vino rosso.

Conversazione

1. Lavorate in coppia (A e B). **A** dice: *"Vado al supermercato, vuoi qualcosa?"*. **B** sceglie la risposta adeguata e dice: *"Sì, la marmellata, il succo di frutta e i fazzolettini"*.

A	B
al supermercato	le sigarette, i fiammiferi e i francobolli.
dal tabaccaio	quattro bistecche, due fettine e le salsicce.
dal fruttivendolo	la marmellata, il succo di frutta e i fazzolettini.
dal macellaio	il prosciutto, la mortadella e la ricotta.
dal salumiere	la frutta, le cipolle e la lattuga.

Intervallo

1. Dite una di queste parole mimando con la bocca (senza far uscire la voce) e chiedete a un vostro compagno di indovinare quale avete detto. Se lo fate da soli, controllate la differenza per ogni coppia di parole davanti allo specchio.

1. a) copia   b) coppia   4. a) pala   b) palla
2. a) camino   b) cammino   5. a) m'ama   b) mamma
3. a) cane   b) canne   6. a) nono   b) nonno

2. Lavorate in gruppo (A, B, C, D...)

A: *"Che cosa devi ancora mettere nella valigia?"*
B: *"Devo mettere le cravatte."*
C: *"Deve mettere le cravatte e il cappotto."*
D: *"Deve mettere le cravatte, il cappotto e la giacca."*

Ogni studente aggiunge un elemento alla frase detta dal compagno precedente, fino a un massimo di cinque parole. Poi si ricomincia.

l'ombrello   le cassette   gli occhiali   la macchinetta fotografica   la penna
le sigarette   la camicetta   il cappello   il rossetto   le ciabatte   lo spazzolino
il passaporto.

Aggiungete voi altre parole con le consonanti geminate.

Pronuncia e grafia

In italiano quando i suoni [p b t d k g tʃ dʒ s f v l r m n] sono lunghi si
scrivono con due lettere:

appetito, pubblico, attore, freddo, bocca, aggressivo, succedere, maggio,
basso, difficile, avvocato, mille, ferro, gomma, donna.

Per i suoni [ts dz ʃ ʎ ɲ] consultate la sezione pronuncia e grafia delle unità
38, 39, 33, 41, 46.
Per i suoni [j w z] consultate la sezione pronuncia e grafia delle unità 11,
12, 31.

1. Sentirete una parola senza senso per numero. In ogni numero sono rappresentati i suoni consonantici presenti nella parola. Segnate per ogni
parola, qual è il suono consonantico geminato. 🔲

  1. [k p n]   2. [s b k]   3. [f s l]   4. [k n r]   5. [k dʒ r]   6. [l tʃ r]

2. 🔲 Ascoltate e scrivete le parole senza senso.

  1. _____   2. _____   3. _____   4. _____   5. _____

  6. _____   7. _____   8. _____   9. _____   10. _____

3. 🔲 Ascoltate e scrivete i nomi di città e i cognomi italiani.

  1. _____   2. _____   3. _____   4. _____   5. _____

  6. _____   7. _____   8. _____   ⚷

Ora dividete le parole in sillabe, oralmente.

4. Completate le frasi con le seguenti parole.

  1. m'ama – mamma   2. sano – sanno   3. tuta – tutta

  4. sono – sonno   5. ala – alla   6. Eco – ecco.

1. _____ mia, che paura! Credevo di morire!
2. Umberto _____ ha scritto un nuovo libro, molto interessante.
3. Chi va piano va _____ e va lontano.
4. I miei nonni non _____ che cosa è successo, stamattina.
5. Voglio assolutamente sapere _____ la verità.
6. Devo ancora comprare la _____ e le scarpe da ginnastica.
7. In aereo preferisco un posto lontano dall' _____ .
8. Non _____ sicura di partire il diciotto, forse il diciannove.
9. Massimo non _____ , non posso più accettare questa situazione.
10. _____ fatto, il lavoro è finito! Finalmente posso uscire.
11. Ti aspetto _____ stazione alle 8.
12. Ho tanto_____ , ieri sera sono andata a letto a mezzanotte e mezzo.

━●

5. Dividete, oralmente, le parole in sillabe.

1. [ˈnulːla]   2. [aspetˈtaːre]   3. [sopratˈtutːto]   4. [posˈsiːbile]
5. [rakkonˈtaːre]   6. [ˈletːto]   7. [davˈveːro]   8. [arriˈvaːre]

Ora scrivetele in caratteri normali e inseritele nelle frasi che seguono.

1. Vai a _____ , è troppo tardi!
2. Non ho _____ in contrario se Anna passa da noi dopo cena.
3. Devi _____ di essere maggiorenne per guidare la macchina.
4. Non è più _____ vivere in città, c'è troppo traffico!
5. Ti voglio _____ una storia _____ strana!
6. Mi spieghi perché non riesci a _____ in orario?
7. Quello che non sopporto sono _____ le sue bugie!   ━●

6. Dividete, oralmente, le parole in sillabe.

accettare: [atʃ- tʃet- ˈta - re]

ammettere	appartenere	distruggere	ufficiale
accendere	fettuccine	immaginare	repubblica

7. Completate le frasi con le consonanti mancanti.

1. Ho avuto grandi di__ i__oltà a ra__iungere mio cu__ino so-pra__u__o per tele__ono, era sempre o__upa__o.
2. L'artico__o è stato pu__lica__o su una ri__ista molto conosciu__a.
3. Abbiamo visto forse il migliore spe__aco__o che era in progra__a.
4. Ieri po__eri__io è a__i__ato all'impro__iso Gia__i per farci una sorpre__a.
5. Cora__io! Ti devi ri__e__ere a studiare, presto ci sara__o gli esami.
6. Non a__raversare la strada senza guardare se a__ivano macchine.
7. O__o__e andare negli u__i__i a fare tutti i do__umenti ne__essari.
8. Tu non puoi ne__eno i__a__inare quanto mi sono a__a__iato /a!
9. Mi sono a__i__inato/a per vedere che cosa era su__e__o, ma mi hanno fatto a__ontanare.
10. Quest'orologio non va__e niente, si è ro__o i__umerevoli volte e non ti dico quanto costano le ri__arazioni. ➤━●

Pubblicità 🔲

a. Ascoltate i tre annunci radiofonici senza guardare il testo.

b. Quali sono i prodotti pubblicizzati?
1) un prodotto che aiuta a dimagrire – un prodotto per cuocere gli alimenti.
2) un tergicristallo speciale – le stazioni di servizio per auto.
3) una vacanza in nave – una vacanza al mare.

c. Riascoltate guardando il testo.

d. Riascoltate e scrivete le parole che mancano. Se necessario, riascoltate i tre annunci.

1. *Cosa mi consigli per dimagrire?*
Cibi _____, tanta verdura, e con due _____ di Normali-ne al risveglio e due prima dei pasti, riduci la densità _____ degli alimenti. Così il tuo organismo _____ meno zuccheri e meno
5 *grassi.*
Con sole sei _____ al giorno?
Solo sei _____, perché Normaline usa il principio attivo _____ più puro e quindi _____.

E potrò mangiare di tutto?

10 *Se vuoi dimagrire in _____, scegli cibi _____, Normaline farà
il resto.*

Normaline lo trovi in farmacia.

2. *Ho scoperto che un _____ consumato rende _____ la guida nella pioggia. Me l'ha spiegato un gestore Agip. È lui che mi aiuta a tenere in _____ forma la mia auto.*

I gestori Agip ti aiutano ogni giorno con questi piccoli ma importanti

5 *_____.*

I gestori Agip: settemiladuecento _____ al tuo servizio.

(Tratto dalle campagne di comunicazione AGIP PETROLI del 1995 e 1996, realizzati dalla THOMPSON ROMA.)

3. *Mi parli dei suoi problemi.*

Sogno un bellissimo albergo che _____.

Hmhm.

Vedo il sole, la Spagna, la Tunisia, la Grecia, porti, isole. _____...

5 *Capisco.*

*E tanta gente... gente che ride, che balla, balla, si diverte, ride, balla, si di-
verte...*

Lei è _____.

Ah, sì?

10 *Si prenda una bella vacanza.*

*Se volete divertirvi come pazzi, senza spendere come _____, vi
consigliamo una vacanza nel _____ su una crociera Costa.*

*Costa crociere, _____ per divertirvi. Chiedete alla vostra Agen-
zia di viaggi.*

e. Controllate le parole nelle chiavi. ➝●

f. Lavorate in coppia. Riascoltando leggete i tre annunci pubblicitari insieme agli attori, cercando di imitare l'intonazione, l'accento sulle parole,
le pause, la velocità. Nel terzo annuncio, vi siete accorti che uno dei
due attori, ad un certo punto, parla insieme all'altro? Fate attenzione a
quello che dice e imitatelo.

14

p, P [p] penna

Per pronunciare questo suono chiudete bene le labbra e bloccate il passaggio dell'aria verso l'esterno. Aprite velocemente le labbra e dite [p], l'aria esce rapidamente all'esterno. Le corde vocali non vibrano.

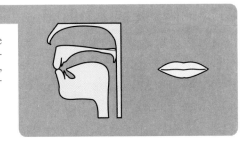

Imitazione 📼

1. Ascoltate le parole guardando le figure.

2. Riascoltate. Fermate la cassetta dopo ogni parola e ripetete in silenzio.

3. Riascoltate le parole e ripetete a voce alta.

Suoni e grammatica 📼

1. Ripetete le frasi senza guardare il testo.

1. Mi piace la tua sciarpa.
2. Mi piace il tuo pigiama.
3. Mi piace il tuo cappello.
4. Mi piace il tuo cappotto.
5. Mi piacciono le tue pantofole.
6. Mi piacciono i tuoi pantaloni.

Dialogo ▣ **Prendi il primo o il secondo?**

1. Paolo e
Filippo sono
al ristorante.
Filippo è a
dieta. Ascoltateli
senza guardare
il testo.

Io prendo un po' di prosciutto per antipasto. E per
primo... pasta al pesto, e tu?
Io non ho molto appetito.
Prendi il primo o il secondo?
5 No, il primo no, preferisco il secondo.
Io... vediamo, per secondo prendo il pesce con i piselli.
Io ho deciso, prendo solo un contorno: insalata di
pomodori e peperoni.
Perché mangi così poco?
10 Eh, il mio peso...

2. Prima di riascoltare leggete le seguenti domande:
a. Perché Paolo fa una pausa (riga 2)?
b. Com'è il tono finale della domanda di Paolo (riga 9)?
Riascoltate e leggete il dialogo in silenzio. Rispondete alle domande precedenti.

3. Riascoltate il dialogo, fermatevi dopo ogni battuta e ripetete.

4. Leggete il dialogo in coppia (A e B). A: Paolo, B: Filippo.

Pausa ▣

1. Ripetete le frasi
facendo attenzione
alla pausa (//).
State pensando.

E per primo... // pasta al pesto.

1. E per primo... // pasta ai piselli.
2. E per primo... // riso e patate.
3. E per primo... // spaghetti al pomodoro.

Intonazione ▣

1. Ripetete
controllando
l'intonazione.
È una domanda
colloquiale.

Perché mangi così poco?

1. Perché non prendi il primo?
2. Perché non hai appetito?
3. Perché mangi solo pomodori?

2. Ripetete
controllando
l'intonazione.

Prendi il primo o il secondo?

1. Prendi il pollo o il pesce?
2. Prepari i peperoni o le cipolle?
3. Prendi una pesca o una pera?

Suoni e vocabolario

1. Trovate una parola in B che sia l'opposto di A. Uno studente dice una parola, un altro ne dice una di significato opposto.

A	B
1. ospitale	a. spiacevole
2. prima	b. inospitale
3. piacevole	c. sporco
4. pulito	d. dopo

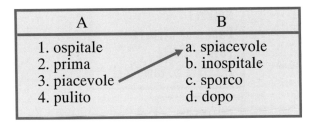

2. Lavorate in coppia (A e B). **A** pone la domanda, **B** risponde secondo l'esempio.

A: *È stata un'esperienza piacevole?*
B: *No, al contrario, è stata spiacevole.*

1. È un posto ospitale?
2. È una camera pulita?
3. Tu parti prima di Paolo?

Conversazione

Lavorate in tre (A, B, C), scambiando i ruoli. **A** è il cameriere, **B** è il primo cliente, **C** è il secondo cliente.

A: *Che cosa prendono per antipasto?*
B: *Io prosciutto e melone, grazie.*
A: *Io, invece, prendo patè d'olive e pizzette al pomodoro.*

ANTIPASTI
Prosciutto e melone
Patè di pollo
Patè d'olive
Pizzette al pomodoro
Antipasto di mare

PRIMI PIATTI
Pasta al pesto
Spaghetti aglio, olio e peperoncino
Pasta alla puttanesca
Penne con panna e piselli
Risotto alla parmigiana
Risotto agli asparagi
Tortellini pasticciati

SECONDI PIATTI	CONTORNI
Pesce al pomodoro	Pomodori ripieni
Pollo arrosto	Caprese
Petti di pollo ai funghi	Spinaci
Polpette al pomodoro	Peperoni arrosto
Spezzatino di vitello	Patate fritte
	Insalata e pomodori

DOLCI	FRUTTA
Torta alle pere	Pere
Panna cotta	Pompelmi
Torta di pesche	Prugne
Profiterole	Pesche

Intervallo

1. Osservate il disegno, cercate le cose che contengono il suono [p] e scrivete-le. Non devono contenere il suono [b].

2. Lavorate in coppia (A e B). A chiede a B dove si trova uno degli oggetti che ha identificato nel disegno. B risponde guardando la figura.

A: *Dov'è il tappeto?*
B: *È sul pavimento.*

Pronuncia e grafia

Il suono [p] si scrive *p* e *pp* quando è lungo [pp]:
sapone, tappo.

1. Leggete le parole e dividetele in sillabe, oralmente.

1. [apparta'menːto]   2. [appe'tiːto]   3. ['trɔpːpo]   4. [approfit'taːre]

5. [pur'trɔpːpo]   6. [tap'peːto]   7. [appunta'menːti] 8. [an'tiːtʃipo]

9. [ni'poːte]   10. [sepa'raːto]

Ora inserite le parole, scritte in caratteri normali, nelle frasi che seguono.

1. Sì, si è _____ da sua moglie. Doveva succedere prima o poi.
2. Ora Paolo arriva sempre in _____ agli _____, finalmente ha imparato!
3. Vivo in quest'_____ da un paio d'anni.
4. Grazie, oggi non ho _____ ieri ho mangiato _____.
5. Se il figlio di mia sorella è mio _____, chi è il figlio di mio figlio?
6. _____ non posso _____ della situazione favorevole.
7. Che prezzo ha questo _____ persiano?

—•

2. Completate le frasi con: *primo/a(2)/i, troppo(3)/a(2)/i/e, prossimo (2)/a(2).*

1. Patrizia arriva sempre per _____.
2. C'è _____ gente, è meglio tornarci di pomeriggio.
3. Non si trova al _____ piano, ma all'ultimo.

4. Non prendere esempio da Paolo, a lui non gliene importa niente del _____ , fa sempre tutto quello che gli pare.

5. Ho sempre _____ cose da fare.

6. I _____ giorni ero molto preoccupato/a, credevo di non essere in grado di fare quel lavoro.

7. Per lo spettacolo di domenica ho prenotato due posti in _____ fila, ti va bene?

8. La _____ volta pensaci prima di parlare.

9. Peccato che parti così presto! Ci rivedremo quando torni. Ciao alla _____!

10. No, non c'è posto per tutti, siamo in _____ .

11. Dice che pagherà il _____ mese, io non ne sarei _____ sicuro/a.

12. Prendine un pezzo! Ne ho comprata _____ .

13. Fa proprio freddo, non ti sei vestito _____ leggero?

14. La pasta _____ cotta non la sopporto, io la preferisco al dente.

—•

15

b, B [b] bocca

Per pronunciare questo suono chiudete bene le labbra e bloccate il passaggio dell'aria verso l'esterno come per [p]. Aprite velocemente le labbra e dite [b]. L'aria esce dalla bocca. Le corde vocali devono vibrare.

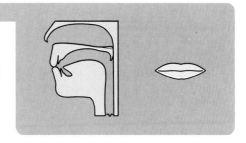

Imitazione

1. Ascoltate le parole guardando le figure.

2. Riascoltate. Fermate la cassetta dopo ogni parola e ripetete in silenzio.

3. Riascoltate le parole e ripetete a voce alta.

Suoni e grammatica

1. Ripetete le frasi.

1. Che bella borsa!
2. Che bella barba!
3. Che bella bambola!
4. Che bell'albero!
5. Che bel libro!
6. Che bell'ombrello!

Dialogo Dal tabaccaio.

1. Ascoltate il dialogo tra il tabaccaio e il signor Belli guardando le figure.

2. Ripetete le parole senza guardare il testo.

buongiorno, francobolli, buste, carta da bollo, biglietti, autobus, basta, bene, buona giornata.

3. Riascoltate il dialogo guardando le figure.

4. Riascoltate il dialogo, fermatevi dopo ogni battuta del sig. Belli e ripetete imitandolo.

5. Ascoltate guardando le figure, il signor Belli non parla più. Dovete parlare al suo posto. ━●

Intonazione ▣

1. Com'è la tonalità di *buongiorno* (riga 1)?

Salutate e augurate
gentilmente
imitando il
tabaccaio. Ripetete.

1. Buongiorno
2. Buonasera.
3. Buona notte.
4. Buona giornata.

2. Com'è la tonalità di *buongiorno* (riga 2)?

Salutate e augurate
in modo trascurato,
imitando il sig. Belli.
Ripetete.

1. Buongiorno.
2. Buonasera.
3. Buona notte.
4. Buona giornata.

Ascoltate i due modi diversi di dire: *"che bello!"*

3. Leggete le frasi con tonalità alta.

1. È sabato, che bello!
2. Ha sbagliato, che bello!
3. Abita qui, che bello!

Che bello!

4. Leggete le frasi con tonalità bassa e velocità minore.

1. Torna subito, che bello!
2. Ha bisogno di me, che bello!
3. Abiterò con Bruno, che bello!

Che bello!

Conversazione

1. Lavorate in coppia (A e B). **A** dice una delle frasi e **B** risponde, scegliendo una delle due varianti intonative prima esercitate.

A	B
1. Non ci sono alberghi liberi.	Che brutta notizia!
2. Dobbiamo tornare sabato, insieme.	Che bella notizia!
3. Dobbiamo cambiare casa.	
4. Stasera andiamo a ballare insieme.	
5. Ho mangiato tutti i tuoi biscotti.	
6. Non c'è niente da bere.	
7. Domani abbiamo l'esame, dobbiamo studiare.	

Avete provato a dire *"che brutta notizia"* con tonalità alta, e *"che bella notizia"* con tonalità bassa? L'intonazione può cambiare il significato di una frase.

2. Lavorate in coppia (A e B). **A** legge una delle affermazioni. **B** esprime il suo accordo o i suoi dubbi.

A	B	
	Accordo	**Dubbio**
1. Bere alcolici fa male alla salute.		
2. Gli alberghi in Italia sono a buon mercato.	a. Non c'è dubbio.	a. Ho qualche dubbio.
3. Dire bugie è una brutta abitudine.		
4. Un bambino ha bisogno di credere a Babbo Natale.	b. Beh, hai ragione.	b. Bah, non so.
5. Ballare fa bene alla salute.		
6. Se fai l'abbonamento, l'autobus costa meno.		
7. Chi abbandona gli animali è una bestia.		
8. La carta Bancomat è meglio del libretto degli assegni.		

Intervallo

Indovinello

L'insegnante divide gli studenti in due squadre e pone un quesito. Ogni squadra deve rispondere senza guardare il testo aspettando la fine del quesito. Chi risponde prima ha il punto. Se sbaglia passa la mano. La soluzione è una parola che contiene il suono [b].

1. Si fa con i bicchieri in mano, ma è anche il nome di una città italiana.
2. Lo è chi dice bugie.
3. È gialla, è dolce, è curva, è un frutto.
4. Una donna quando non è sposata.
5. Babbo Natale ce l'ha bianca.
6. Si danno con le labbra.
7. Si chiede a teatro, alla fine dello spettacolo.
8. Serve per andare in mare.
9. Lungo sta a corto come asciutto sta a...
10. L'acqua lo fa quando arriva a 100°.
11. Collana sta a collo come bracciale sta a...
12. È il simbolo della giustizia, ma è anche un segno zodiacale.

Pronuncia e grafia

Il suono [b] si scrive *b* e *bb* quando è lungo [bb]:
sabato, rabbia.

1. Leggete le parole e dividetele in sillabe, oralmente.

1. ['aːbito]   2. ['deːbole]   3. [feb'braːjo]   4. ['liːbero]   5. [abbas'tanːtsa]
6. [abbando'naːto]   7. [arrab'bjaːto]   8. ['suːbito]   9. [abi'tuːdine]

Ora scrivetele in caratteri normali e inseritele nelle frasi che seguono.

1. L'autobus è qui alle otto cerca di fare _____!
2. Stare a Bologna era molto costoso, così ha _____ gli studi.
3. È un bambino _____ e si ammala ogni settimana.
4. Mi sono _____/a moltissimo, ha finito tutti i miei soldi.
5. Sono molto stanco/a, stanotte non ho dormito _____.

6. Non è una buona _____ quella di bere tanto caffè.
7. Domani non sono _____, studio tutto il giorno.
8. Qui in _____ è molto freddo, se non sei abituato hai bisogno di abiti molto caldi.
9. Da dicembre _____ con Bruno, ma cambierò casa fra tre mesi.

—•

2. Completate le frasi con: *buon(2)/o/a, brutta(2), bello/a/bel(2), ben/e(2).*

1. In quel ristorante si mangia molto _____.
2. La bistecca la desidero _____ cotta.
3. Se sabato sarà una _____ giornata, andremo in bicicletta.
4. Ho fatto una _____ figura, sono andata a cena da Bianca, ma la cena era il giorno seguente.
5. Siamo stati in quel negozio che hanno inaugurato ieri: tutto è a _____ mercato.
6. I bambini sono andati a Bologna, così mi sono alzato/a di _____ mattino.
7. Cosa fai di _____ domani?
8. Sono molto distante, ma ci vedo abbastanza _____ lo stesso.
9. Brrr, che freddo! da battere i denti. Che _____ stagione!
10. Questa è una _____ occasione!
11. È un _____ bambino e è tanto _____.

—•

16

Per differenziare questi due suoni dovete controllare le corde vocali. Chiudete le orecchie con le
mani e dite [p] alcune volte. Fate la stessa cosa
con [b], mentre le labbra sono ancora chiuse voi
dovete sentire la vibrazione delle corde vocali.
Dite [pp bb pp bb]. Se non sentite la differenza,
fate gli esercizi sulla sonorità a pag. 90.

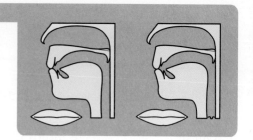

Identificazione

1. Ascoltate le parole senza senso. Sentirete due parole per ogni numero
(A e B). Scrivete una ✘ dove sentite [p] come in *penna*.

	A	B
1.	☐	☐
2.	☐	☐
3.	☐	☐
4.	☐	☐
5.	☐	☐

2. Sentirete due parole per ogni numero (A e B). Scrivete una ✘ dove sentite [b] come in *bocca*.

	A	B
1.	☐	☐
2.	☐	☐
3.	☐	☐
4.	☐	☐
5.	☐	☐

3. Sentirete una parola per ogni numero. Scrivete (–) se sentite [p] e (+) se
sentite [b].

1. ☐   2. ☐   3. ☐   4. ☐   5. ☐   ⚷

Discriminazione

1. Sentirete due coppie di parole per ogni numero (A e B). Scrivete una ✘
dove sentite due parole uguali.

	A	B
1.	☐	☐
2.	☐	☐
3.	☐	☐
4.	☐	☐
5.	☐	☐

2. Sentirete due parole per ogni numero. Scrivete una ✗ solo dove sentite due parole uguali.

1. ❑   2. ❑   3. ❑   4. ❑   5. ❑

3. Sentirete una parola per ogni numero. Ogni parola contiene i suoni [p] e [b]. Se sentite prima [p] e poi [b], scrivete A. Se sentite prima [b] e poi [p], scrivete B.

Es.: *pub*blico   [A]

   *b*i*p*   [B]

1. ❑   2. ❑   3. ❑   4. ❑   5. ❑

4. Ascoltate. Queste sono parole che esistono in italiano.

5. Sentirete tre parole per ogni numero (A, B e C). Segnate con una ✗ le due parole uguali.

	A	**B**	**C**
1.	❑	❑	❑
2.	❑	❑	❑
3.	❑	❑	❑
4.	❑	❑	❑
5.	❑	❑	❑

Imitazione   🔲

Ripetete le coppie di parole, guardando le figure.

Dialogo   Basta con la pasta!

1. Sabina e Pietro
sono a casa.
Ascoltateli
senza guardare
il testo.

Cosa facciamo per pranzo?
Penne all'arrabbiata.
E per cena?
Ti andrebbe bene, pasta burro e parmigiano?
5 Pasta, pasta, sempre pasta. Basta con la pasta!

2. Prima di riascoltare leggete le seguenti domande:
a. Com'è la tonalità di Sabina nell'ultima frase (riga 5)? E la velocità?
b. Dov'è l'accento su *arrabbiata* (riga 2)?
Riascoltate e leggete il dialogo in silenzio. Rispondete alle domande precedenti.

3. Riascoltate il dialogo, fermatevi dopo ogni battuta e ripetete.

4. Leggete il dialogo in coppia (A e B). A: Sabina, B: Pietro.

Intonazione

1. Ripetete le frasi
imitando Sabina.
La velocità e
la tonalità sono
basse.

Pasta, pasta, sempre pasta.

1. Birra, birra, sempre birra.
2. Pane, pane, sempre pane.
3. Pollo, pollo, sempre pollo.
4. Patate, patate, sempre patate!

2. Ripetete
le frasi
imitando
Sabina.

Basta con la birra!

1. Basta con il pane!
2. Basta con il pollo!
3. Basta con le patate!

3. Ripetete
le frasi
in modo
gentile.

Buon pranzo, Sabina!

1. Buon appetito, Pietro!
2. Buon riposo, Sabina!
3. Buon pomeriggio, Pietro!

Suoni e grammatica

1. Leggete
le frasi.

1. Mangerebbe tutto il giorno pasta.
2. Potrebbe mangiare solo pasta.
3. Berrebbe tutto il giorno birra.
4. Prenderebbe sempre la stessa cosa.

Accento – parole di tre o quattro sillabe.

1. A quale gruppo appartengono le seguenti parole?

semplice, piacevole, imparare, ospitale, anticipo, libero, impiegato, debole, battere, popolo, impedire, spettacolo, nubile, mobile, barattolo, debito, permettere, primavera.

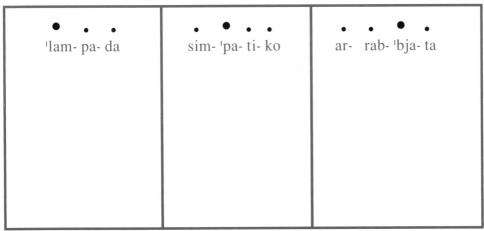

2. Leggete le parole facendo attenzione alla posizione dell'accento.

Conversazione

1. Lavorate in coppia (A e B). **A** legge una frase, **B** legge la risposta corrispondente scegliendo lo stato d'animo con cui pronunciare la frase. Poi A e B si scambiano i ruoli.

tonalità alta   *tonalità bassa*

A	**B**
1. Oggi mangio pasta al pomodoro.	a. Beato te!
2. Ho perso i nostri biglietti dello spettacolo.	b. Bene!
3. Facciamo una partita: scapoli contro sposati.	c. Quanto tempo sprecato!
4. C'è lo sciopero dei benzinai fino a sabato.	d. Non è possibile!
5. Piove e siamo senza ombrello.	e. Che bello!
6. Non c'è acqua potabile.	f. Pazzesco!
7. È impossibile prendere in prestito i libri in biblioteca.	g. Che peccato!
8. Bene, stasera si potrebbe andare in pizzeria.	h. Che bella sorpresa!
9. In TV non ci sarà più la pubblicità.	i. Che bella idea!

2. Collegare le frasi di destra con quelle di sinistra. Lavorate in coppia (A e B). **A** legge una frase, **B** risponde in modo adeguato.

A	**B**
1. In bocca al lupo!	a. No, prego si accomodi.
2. Permette, mi chiamo Bonetti.	b. Sì, è proprio bello!
3. Mi presento, sono Paolo/a.	c. Crepi il lupo!
4. Permesso?	d. Piacere, molto lieta/o!
5. Che bel panorama!	f. Ciao, sono Beatrice.
6. Disturbo?	g. Prego, entri pure!

Suoni e vocabolario

1. Cercate una parola in B che sia l'opposto di A. Uno studente dice una parola, un altro ne dice una di significato opposto.

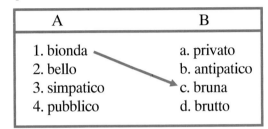

A	B
1. bionda	a. privato
2. bello	b. antipatico
3. simpatico	c. bruna
4. pubblico	d. brutto

2. Lavorate in coppia (A e B). **A** dice una frase, **B** risponde secondo l'esempio.

A: *Chiara è bionda.*   **B:** *No, non è bionda, è bruna.*

1. È un quadro molto bello.
2. È un ragazzo proprio antipatico.
3. Questo parco è privato.

Pronuncia e grafia

1. 📼 Ascoltate e scrivete le parole senza senso.

1. _____ 2. _____ 3. _____ 4. _____ 5. _____

6. _____ 7. _____ 8. _____ 9. _____ 10. _____

Modi di dire

1. Completate le frasi con le seguenti espressioni.

gli è andata bene   il bello è che   sul più bello   prima o poi
in compenso   vuoi un passaggio   parlare del più e del meno.

1. Sabato parto in automobile, _____?
2. Vedrai che _____ riuscirai a diventare una brava ballerina.
3. Sono andata in quel supermercato e ho risparmiato molto. _____ mi hanno fatto una multa.

4. Siamo rimasti a _____ e a bere birra fino al mattino.

5. La festa di compleanno era molto bella, ma _____ _____è andata via la luce.

6. Roberto ha ritrovato tutti i soldi che aveva perso, questa volta _____.

7. _____ tu credi di avere sempre ragione. È incredibile!

Pubblicità

a. Ascoltate senza guardare il testo.

b. Riascoltate guardando il testo.

c. Riascoltate e completate con le parole mancanti.

1. *Questi momenti sono _____, non perdeteli! I sughi Barilla vi regalano più tempo per voi stesse. Semplici, _____, in tante varianti estive, come il nuovo sugo al _____.*
   Sughi Barilla, semplici _____ mediterranei.

2. *Non perdetevi il piacere del tramonto, in _____. Poi per una buona cena estiva ci sono i sughi Barilla, tante ricette fresche ed invitanti come il sugo ai _____ dolci.*
   Sughi Barilla, semplici _____ mediterranei.

d. Controllate le parole nelle chiavi .

e. Riascoltando leggete i due annunci pubblicitari insieme all'attrice, cercando di imitare l'intonazione, l'accento sulle parole e le pause.

17

t, T [t] tetto

Per pronunciare questo suono appoggiate la punta della lingua contro i denti superiori. Staccatela e dite [t], l'aria esce velocemente dalla bocca. Le corde vocali non vibrano.

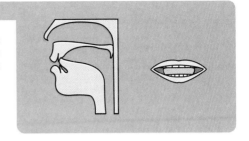

Imitazione 🔲

1. Ascoltate le parole senza guardare le figure.

2. Riascoltate. Fermate la cassetta dopo ogni parola e ripetete in silenzio.

3. Riascoltate le parole e ripetete a voce alta.

4. Ascoltate e ripetete le frasi.

   1. È per te il taxi?
   2. È per te la torta?
   3. È per te il pacchetto?
   4. È per te la chitarra?
   5. È per te il latte?
   6. È per te la sigaretta?

Dialogo 🖭	**È già partito?!**

1. La Signora Tini
è alla stazione.
Ascoltatela
mentre parla
con un signore.
Non guardate
il testo.

Ecco, sono già le 7,05 e il treno non arriva, non
è mai puntuale!
Il treno? Quale treno, signora?
Il treno per Terontola.
5 È già partito.
È già partito?! Ma come, allora è partito in anticipo.
No, signora, alle 7,08 come sempre.
Ma che ore sono?
10 Sono le 7,20.
Le 7,20?! Terribile, sono io che non sono puntuale!!

2. Prima di riascoltare leggete le seguenti domande:
a. Qual è lo stato d'animo della Signora Tini (riga 1)?
b. Come dice la Signora Tini *"È già partito?!"* (riga 7)? Che cosa
esprime, sorpresa o contentezza?
c. Qual è la parola più in rilievo in *"Sono io, che non sono puntuale!!"*
(riga 12)?
Riascoltate e leggete il dialogo in silenzio. Rispondete alle domande
precedenti.

3. Riascoltate il dialogo, fermatevi dopo ogni battuta e ripetete.

4. Leggete il dialogo in coppia (A e B) A: la signora Tini, B: il signore.

Intonazione 🖭

1. Ripetete le frasi
esprimendo la
sorpresa. Controllate
l'intonazione del-
l'ultima parola.

È già partito?

1. È già arrivato?!
2. È già cominciato?!
3. È già entrato?!

2. Ripetete la parte
accentata della frase
esprimendo la
vostra sorpresa.

Il treno per Terontola parte tutti i giorni **alle 7,08.**
Alle 7,08*?!*

1. Il treno per Terontola parte tutti i giorni *alle 7,08.*
2. Il treno per Terontola parte *tutti i giorni* alle 7,08.
3. Il treno per Terontola *parte* tutti i giorni alle 7,08.
4. Il treno *per Terontola* parte tutti i giorni alle 7,08.
5. *Il treno* per Terontola parte tutti i giorni alle 7,08.

Enfasi

1. Riascoltate le frasi dell'esercizio precedente e ripetete mettendo l'enfasi su una parte della frase.

2. Ripetete le frasi mettendo l'enfasi su *io*.

Sono io, che non sono puntuale!

1. Sono io, che ho sempre fretta.
2. Sono io, che torno a Torino.
3. Sono io, che non arrivo mai in anticipo.

Suoni e grammatica

1. Trasformate dall'aggettivo al sostantivo.

puntuale   *puntualità*
felice
sereno
tranquillo
veloce
sincero

2. Formate il participio passato.

partire   *partito*   scrivere   *scritto*
aspettare   rompere
accettare   dire
ottenere   cuocere
raccontare   correggere
affittare   leggere

Pronuncia e grafia

Il suono [t] si scrive *t* e *tt* quando è lungo [tt]:
vita, tutto.

1. Scrivete le parole in caratteri normali.

1. ['lɛnːto] _____   a) [negaˈtiːvo] _____

2. [poziˈtiːvo] _____   b) [iˈnuːtile] _____

3. ['uːtile] _____   c) [zˈvɛlːto] _____

Ora collegatele tra di loro, una è l'opposto dell'altra.

2. Lavorate in coppia (A e B). **A** pone la domanda, **B** risponde secondo l'esempio.

A: *È stata un'esperienza positiva?*
B: *No, è stata un'esperienza negativa.*

1. È un bambino molto lento?
2. È veramente utile?   ▬●

3. Leggete le parole e dividetele in sillabe, oralmente.

1. [setti'maːna]	2. [soprat'tutːto]	3. [ot'toːbre]
4. [kor'rɛtːto]	5. [ma'tiːta]	6. [stamat'tiːna]
7. ['tuːta]	8. [kami'ʃetːta]	9. ['tutːta]
10. [imbot'tiːto]	11. ['kɔtːto]	12. ['seːte]
13. [atʃʃet'taːto]	14. ['sɛtːte]	15. ['fatːto]

Ora scrivete le parole in caratteri normali e inseritele nelle frasi che seguono.

1. Aspetta un momento, tu sai che Augusto è innamorato _____ di me?!

2. Scusami tanto, ma non ho _____ il tuo invito, solo perché parto per Torino.

3. Ho mangiato un panino _____ con il prosciutto, m'è venuta una _____ !!

4. _____ Tonino mi ha telefonato alle _____.

5. Quello che mi fa arrabbiare, è _____ il fatto che non mi rispetta.

6. Tutto sommato, non ho speso molto: ho comprato una _____ _____ e anche una _____ per fare ginnastica.

7. L'ho scritto a _____ è per questo che si è cancellato.

8. Non è _____ agire così, non puoi cambiare tutto all'ultimo momento.

9. Parto l'ultima _____ di _____ con _____ la mia famiglia.

10. Ecco, hai rotto la cassetta, come hai _____?

▬●

4. Ascoltate e scrivete le parole senza senso.

1. _____   2. _____   3. _____

4. _____   5. _____   6. _____

7. _____   8. _____

18

Per pronunciare questo suono appoggiate la punta della lingua contro i denti superiori, come per [t]. Staccatela e dite [d]. L'aria esce dalla bocca. Le corde vocali devono vibrare.

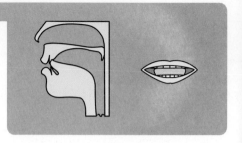

Imitazione 🔲

1. Ascoltate le parole guardando le figure.

2. Riascoltate. Fermate la cassetta dopo ogni parola e ripetete in silenzio.

3. Riascoltate le parole e ripetete a voce alta.

Dialogo 🔲　　　**...e spenderò un mucchio di soldi!**

1. Davide incontra la signora Daniela, la madre di un suo amico. Ascoltateli senza guardare il testo.

Ciao, Davide. Allora, quando vai via?
Dopodomani.
Davvero?
Eh sì, mi chiedo se faccio bene.
5　Perché?
Pensando all'esame che devo dare...
Dai vedrai, sarà un viaggio splendido! E poi giri il mondo.
...e spenderò un mucchio di soldi!

10   Dai, lascia perdere! E quando sarai di nuovo qui?
   Il dodici.
   Vediamo, dal due al dodici: in fondo sono solo undici giorni!
   Dunque, da lunedì due a giovedì dodici. Eh sì, undici giorni.
   Mi raccomando fa' una bella vacanza e non pensare ai doveri!
15   D'accordo, ci proverò, grazie!
   Ciao, ci rivediamo il quindici.

2. Prima di riascoltare leggete le seguenti domande:
  a. Perché Davide interrompe la frase (riga 6)?
  b. Quali sono le parole più in rilievo alla riga 7?   🔑
  c. Dov'è l'accento sulla parola *splendido* (riga 7)?
Riascoltate e leggete il dialogo in silenzio. Rispondete alle domande precedenti.

3. Riascoltate il dialogo, fermatevi dopo ogni battuta e ripetete.

4. Leggete il dialogo in coppia (A e B). A: Daniela, B: Davide.

Intonazione 🔲

1. Ripetete controllando l'intonazione. Le frasi sono interrotte.

Pensando all'esame che devo dare...

1. Spendendo un mucchio di soldi...
2. Guardando il calendario...
3. Andando in vacanza da solo...
4. Ricordando il caldo dell'anno scorso...

2. Ripetete le frasi con allegria.

Ciao, ci rivediamo il quindici.

1. Ciao, ci rivediamo il sedici.
2. Ciao, ci rivediamo di sicuro domani.
3. Ciao, ci rivediamo fra dieci giorni.
4. Arrivederci, a dopodomani.
5. Arrivederci, a venerdì.
6. Arrivederci, a dopo lo splendido viaggio.

Pausa 🔲

1. Ripetete facendo attenzione alla pausa (//).

Vediamo, // dal due al dodici.

1. Vediamo, // da lunedì a mercoledì.
2. Vediamo, // dal dieci al sedici.
3. Vediamo, // da domenica a giovedì.

Accento di parola 🔲

1. Ripetete le
frasi facendo
attenzione alle
parole in rilievo.

Dai, vedrai, *sarà un viaggio* ***splendido!***

1. *Dai, vedrai,* domani andrà *meglio!*
2. *Dai, vedrai,* sarai *d'accordo* con me!
3. *Dai, vedrai,* devi avere *fiducia!*

Unione di sillabe 🔲

1. Ripetete
le frasi.

Sarò fuori per una decina di giorni.

1. Sei un amico d'oro.
2. Per esempio, puoi viaggiare per una decina di giorni.
3. D'ora in poi uscirò con Andrea.
4. All'inizio non era d'accordo.

Conversazione

Lavorate in gruppo (A, B, C...). **A** dice: *"ho deciso di comprare un armadio."* **B** aggiunge: *"ho deciso di comprare un armadio e un lampadario."* E così via gli altri studenti fino a un massimo di cinque oggetti.

un armadio, una radio, un pandoro, un lampadario, dodici quaderni, due quadri, undici dischi, una canadese, una padella, dieci candele, una sedia moderna, un dizionario, dei pomodori verdi, un dolce alle mandorle, due lampadine, un calendario, due divani, la merenda, la verdura fresca, un orologio d'oro.

Accento – parole con tre sillabe

1. Leggete le parole in silenzio e dividete quelle che hanno lo stesso accento di *domani* •●• da quelle che hanno l'accento di *splendido* ●••.

brindisi, denaro, comodo, decimo, ordine, armadio, dogana, dodici, perdere, profondo, divano, prendere, rendere, dolore, discesa, vendere, credere, comando. ➔●

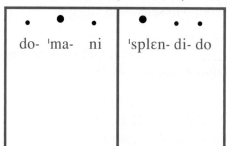
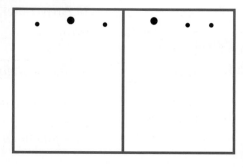

2. Leggete le parole facendo attenzione alla posizione dell'accento.

Intervallo

1. Lavorate in coppia (A e B). **A** dice un parola dell'esercizio precedente. **B** ne dice un'altra che abbia l'accento nella stessa posizione. Se B risponde bene propone la parola successiva, altrimenti continua A.

Pronuncia e grafia

Il suono [d] si scrive *d* e *dd* quando il suono è lungo [dd]:
comodo, freddo.

1. 🔲 Ascoltate e scrivete le parole senza senso.

1. _____   2. _____   3. _____   4. _____
5. _____   6. _____   7. _____   8. _____

━●

2. Leggete le seguenti parole.

1. [atʃˈtʃɛnːdi]   2. [verˈduːra]   3. [dakˈkɔːrdo]   4. [diˈviːdere]
5. [indiˈkaːre]   6. [meˈrɛnːda]   7. [proˈfonːdo]   8.[adˈdiːo]
9. [eˈdiːkola]   10. [ˈfredːdo]

Ora scrivete le parole in caratteri normali e inseritele nelle frasi che seguono.

1. Non sono _____ con quello che dici. Io ho fiducia del mio
   medico.
2. _____ weekend! Devo lavorare fino a domenica.
3. Cosa vuoi per _____? Un dolce o un panino?
4. Chiedi all'_____ forse vendono anche i libri.
5. _____ sempre la radio quando leggi?
6. Poveri bambini! Che dolore _____!
7. La carne non la mangi, la _____ nemmeno, ma cosa mangi?
8. Mi sa _____ la strada per Domodossola ?
9. Com'è possibile _____ una famiglia in quel modo?
10. Faceva così _____ che non riuscivo a dormire.

━●

19

Per differenziare questi due suoni dovete controllare le corde vocali. Chiudete le orecchie con le mani e dite [t] alcune volte. Fate la stessa cosa con [d], mentre l'aria è ancora trattenuta dalla lingua voi dovete sentire la vibrazione delle corde vocali. Dite [tt dd tt dd]. Se non sentite la differenza, fate gli esercizi sulla sonorità a pag. 90.

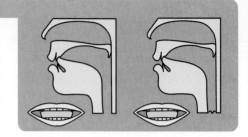

Identificazione 🔲

1. Ascoltate le parole senza senso. Sentirete due parole per ogni numero (A e B). Scrivete una ✘ dove sentite [t] come in *tetto*.

	A	B
1.	☐	☐
2.	☐	☐
3.	☐	☐
4.	☐	☐
5.	☐	☐

2. Sentirete due parole per ogni numero (A e B). Scrivete una ✘ dove sentite [d] come in *dado*.

	A	B
1.	☐	☐
2.	☐	☐
3.	☐	☐
4.	☐	☐
5.	☐	☐

3. Sentirete una parola per ogni numero. Scrivete (–) se sentite [t] e (+) se sentite [d].

1. ☐   2. ☐   3. ☐   4. ☐   5. ☐   ⚷

Discriminazione 🔲

1. Sentirete due coppie di parole per ogni numero (A e B). Scrivete una ✘ dove sentite due parole uguali.

	A	B
1.	☐	☐
2.	☐	☐
3.	☐	☐
4.	☐	☐
5.	☐	☐

2. Sentirete due parole per ogni numero. Scrivete una ✗ solo dove sentite due parole uguali.

1. ❑   2. ❑   3. ❑   4. ❑   5. ❑

3. Sentirete una parola per ogni numero. Ogni parola contiene i suoni [t] e [d]. Se sentite prima [t] e poi [d], scrivete A. Se sentite prima [d] e poi [t], scrivete B.

Es.: *tondo*   [A]

  dato   [B]

1. ❑   2. ❑   3. ❑   4. ❑   5. ❑

4. Ascoltate. Queste sono parole che esistono in italiano.

5. Sentirete tre parole per ogni numero (A, B e C). Segnate con una ✗ le due parole uguali.

	A	**B**	**C**
1.	❑	❑	❑
2.	❑	❑	❑
3.	❑	❑	❑
4.	❑	❑	❑
5.	❑	❑	❑

Imitazione 📼

1. Ripetete le coppie di parole.

Dialogo 📼   **Titti, è così timido!**

1. Titti, il gatto di Teresa è rimasto solo in casa. Adriana e Teresa stanno rientrando. Ascoltatele senza guardare il testo.

Accidenti, il tuo stupido gatto! Guarda! La tenda, il tappeto, la sedia: tutto distrutto.
Dai, non è possibile, il mio Titti è così dolce!
Dolce?! A proposito, ieri ha mangiato tutta la mia
5   torta di carote e anche il filo del telefono, disgustoso!
No, Titti, è così timido!
Timido?! Quello non è un gatto, è una tigre.

129

2. Prima di riascoltare leggete le seguenti domande:
a. Qual è lo stato d'animo di Adriana nella prima parte della frase alla riga 1? E nella seconda parte?
Riascoltate e leggete il dialogo in silenzio. Rispondete alle domande precedenti.

3. Riascoltate il dialogo, fermatevi dopo ogni battuta e ripetete.

4. Leggete il dialogo in coppia (A e B) A: Adriana, B: Teresa.

Intonazione

1. Ripetete le frasi controllando l'intonazione. Siete arrabbiati.

Accidenti, il tuo stupido gatto!

1. Accidenti, è una tigre!
2. Accidenti, è terribile!
3. Accidenti, è davvero strano!

2. Ripetete le frasi controllando l'intonazione. Siete depressi.

Guarda! La tenda, il tappeto, la sedia: tutto distrutto.

1. Guarda! La finestra, la porta, la radio: tutto rotto.
2. Guarda! I dischi, l'armadio, la lampada: tutto distrutto.
3. Guarda! Le foto, i soldi, le schede telefoniche: tutto strappato.

3. Ripetete le frasi controllando l'intonazione.

Ha distrutto la tenda, il tappeto e la sedia.

1. Ha rotto la finestra, la porta e la radio.
2. Ha distrutto i dischi, l'armadio e la lampada.
3. Ha strappato le foto, i soldi e le schede telefoniche.

Accento di parola

1. Ripetete facendo attenzione alla parola in rilievo.

Attento, entra il gatto!

1. *Attento*, la tigre non dorme!
2. *Attento*, cade la sedia!
3. *Attento*, cade la torta!

Conversazione

1. Lavorate in coppia (A e B). **A** forma una frase e la dice a B. **B** risponde scegliendo la risposta. A risponde a B secondo l'esempio.

   A: *Il tuo gatto è terribile.*
   B: *Dai non è terribile, è timido.*
   A: *Sì! timido un accidenti!*

A	B
Il tuo gatto è terribile.	*Dai non è terribile, è timido*
una tigre.	divertente.
davvero strano.	dolce.
brutto.	delizioso.
troppo lento.	tenero.
cattivo.	delicato.
crudele.	svelto.

Suoni e grammatica

1. Date significato opposto alle parole, aggiungendo il prefisso *dis*.

   gustoso   *disgustoso*

   uguale
   attento
   ordine
   accordo
   obbediente

2. Leggete e spiegate la differenza.

   1. Un cucchiaino di gelato - un cucchiaino da gelato.
   2. Un piatto di frutta - un piatto da frutta.
   3. Una tazza di tè - una tazza da tè.
   4. Una bottiglia di vino - una bottiglia da vino.

Suoni e vocabolario

1. Cercate una parola in B che sia l'opposto di A. Uno studente dice una parola, un altro studente ne dice una di significato opposto.

A	B
1. duro	a) tardi
2. forte	b) antico
3. freddo	c) debole
4. moderno	d) in ritardo
5. davanti	e) caldo
6. presto	f) dietro
7. in anticipo	g) morbido

2. Lavorate in coppia (A e B). **A** pone la domanda, **B** risponde secondo l'esempio.

A: *È duro il panino?*   **B:** *No, non è duro, è morbido.*

1. È un uomo forte?
2. È un tavolo moderno?
3. È dietro alla casa?
4. È presto?
5. È freddo d'estate?
6. È in anticipo, Claudio?

Intervallo

1. Un gruppo **A** di studenti mette in ordine le parole delle frasi a sinistra, mettendo la punteggiatura. Un gruppo **B** di studenti mette in ordine quelle delle frasi a destra mettendo la punteggiatura.

A
1. tutti libri i metti tavolo sul.
2. tutto chiaro mettere necessario in è.
3. attenta è corretta persona una e.
4. cappotto metti non perché il?
5. Marta mettiamo sia che malata.
6. a mette e si se piovere?
7. leggere non metti ti perché a?
8. piedi metti i guarda dove!
9. idea testa metti quando ti un' in la cambi non più.

B
a) non li ce perché tu metti?
b) cosa che tutto?
c) dubbio lo metto non in.
d) caldo ma sei troppo fa matto?
e) dire di smetti stupidaggini!
f) smetta aspettiamo che.
g) pomeriggio ho letto tutto già il.
h) attento sto lo so sì.
i) vuoi che ma? momento un brutto scelto hai!

2. Uno studente del gruppo **A** dice una frase, uno studente del gruppo **B** risponde. Domande e risposte sono già in ordine.

Rumori

3. Scrivete uno dei seguenti suoni vicino all'oggetto che li produce.

din don,   trac,   tic tac,   toc toc,   tatatan

1.   **2.**   **3.**   **4.**

Pronuncia e grafia

1. Ascoltate e scrivete le parole senza senso.

1. _____ 2. _____ 3. _____ 4. _____

5. _____ 6. _____ 7. _____ 8. _____

2. Completate con 1: *t* 2: *tt* 3: *d* 4: *dd*

1. Piove a __iro__o, vuoi chiu__ere questa por__a?

2. Ho guar__ato __apper__u___o, ma non sono riusci__ o/a a trovare i ___cumen__i che cercavo.

3. Se hai un a____imo di pazienza, ti preparo un panino alla mor__a__ella.

4. Non prome____ere ciò che non puoi man__enere!

5. È un bell'appar__amen__o in pieno cen__ro s__otico con le finestre che ___anno sui __e__i.

6. Non c'è nien__e di s__rano se ca__i dal sonno. Ti sei alza__o così pres__o s__ama__ina!

7. Dario è venuto a__iri__ura con noi in ___isco__eca, io non me l'aspe__avo? Comunque è stata un'o__ima i__ea.

133

8. È evi__ente che sta a__raversan__o un bru__o momen__o, ma vedrai che si ripren__erà!

9. Sono stanco/a del __ran__ran della vi__a di tu__i i giorni.

10. __oh, guarda chi si ve__e! ➤━●

3. Leggete le parole.

1. ['tuːe]   –   ['duːe]   2. ['daːto]   –   ['daːdo]
3. ['tetːto]   –   ['detːto]   4. ['tɔːro]   –   ['dɔːro]
5. ['kwanːto] –   ['kwanːdo]

Ora scrivetele in caratteri normali e inseritele nelle frasi che seguono.

1. Mi ha _____ che voleva dare l'esame, ma non ha potuto.

2. La minestra con il _____ ? No, preferisco un passato di verdure.

3. La squadra di atletica ha vinto due medaglie _____.

4. _____ è freddo! Sono stato/a tutto il giorno davanti al caminetto.

5. Sono le _____? È ora di andare a letto che ne dici?

6. Dopo una lunga discussione, alla fine mi ha _____ ragione.

7. Io sono dell'Ariete, tu invece sei nato in maggio, quindi sei del _____.

8. Fai attenzione _____ sali sul _____, potresti cadere!

9. Le foto _____ sono due. ➤━●

4. Spedire una lettera.

Per spedire una _____ è necessario scrivere sulla busta il _____ e il suo _____, in basso a destra, il _____ in alto a sinistra e incollare il francobollo in alto a destra. ➤━●

5. Completate con le parole che seguono.

residenza, scadenza, cittadinanza, data di nascita, statura, stato civile, titolo di studio, Dario, Tantucci, via Frattina.

Nome	_____
Cognome	_____
Città di _____	*Torino*
Domicilio	*, 212*
_____	*italiana*
_____	*28 febbraio 1970*
_____	*1,70*
_____	*celibe*
_____	*laurea*
_____	*27 dicembre 2005*

6. Leggete i seguenti numerali.

2°, 3°, 4°, 5°, 6°, 7°, 8°, 10°, 11°, 12°, 20°.

20

Per pronunciare questo suono toccate il velo con la parte posteriore del dorso della lingua . Staccate la lingua dal velo e dite [k], l'aria esce velocemente dalla bocca. Le corde vocali non vibrano.

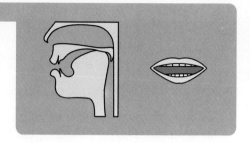

Imitazione

1. Ascoltate le parole guardando le figure.

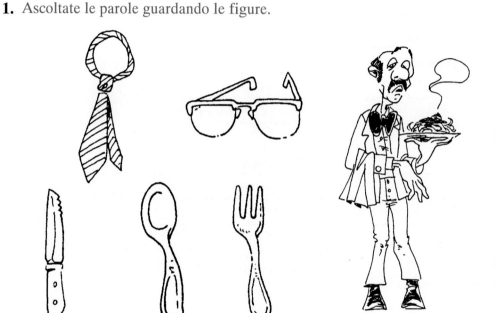

2. Riascoltate. Fermate la cassetta dopo ogni parola e ripetete in silenzio.

3. Riascoltate le parole e ripetete a voce alta.

Dialogo

Cameriere, può portarmi un cucchiaio?

1. Il Signor Macchi è al ristorante. Ascoltatelo mentre parla con un cameriere.

Cameriere, può portarmi un cucchiaio?
Ah, mi scusi, eccolo.
Ah, però manca anche la forchetta!
Oh, mi scusi.
5   E il bicchiere...
Cosa c'è?
Non lo vede? È sporco!
Come?! Non capisco come sia potuto accadere!
Voglio cambiare tavolo!
10   Certo... si accomodi!

2. Prima di riascoltare leggete le seguenti domande:
   a. Com'è il tono della prima richiesta che fa il signor Marchi? (riga 1)?
   b. Com'è lo stato d'animo del signor Macchi (riga 7)?
   Riascoltate e leggete il dialogo in silenzio. Rispondete alle domande.

3. Riascoltate il dialogo, fermatevi dopo ogni battuta e ripetete.

4. Leggete il dialogo in coppia (A e B). A: Signor Macchi, B: il cameriere.

Intonazione

1. Ripetete le frasi in modo gentile.

Cameriere, può portarmi un cucchiaio?

1. Cameriere, può portarmi un bicchiere?
2. Cameriere, può portarmi una forchetta?
3. Cameriere, può portarmi un coltello?

2. Ripetete le frasi controllando l'intonazione. Siete dispiaciuti

Non capisco come sia potuto accadere!

1. Non capisco cosa manca!
2. Non capisco cosa ho dimenticato.
3. Non capisco perché è sporco.

Pausa ▭

1. Ripetete facendo attenzione alla pausa (//) e all'intonazione. Siete seccati.

Non lo vede? // È sporco!

1. Non lo sente? // Fa caldo!
2. Non lo sente? // C'è una confusione!
3. Non lo sente? // C'è un chiasso!

Suoni e grammatica

1. Rispondete alle domande secondo l'esempio.

Cameriere, può portarmi un cucchiaio?
Ah, mi scusi, eccolo.

1. Cameriere, può portarmi il conto?
2. Cameriere, può portarmi i bicchieri?
3. Cameriere, può portarmi la bistecca?
4. Cameriere, può portarmi le forchette?

2. Trasformate dal singolare al plurale.

banco   *banchi*

1. disco
2. pacco
3. ricco
4. sporco
5. gioco
6. bianco

3. Trasformate dal singolare al plurale.

amica   *amiche*

1. greca
2. austriaca
3. polacca
4. ricca
5. tedesca
6. simpatica

Conversazione

1. Lavorate in coppia (A e B). **A** è il cliente e legge una frase, **B** è il cameriere e risponde scegliendo una frase adeguata.

Cliente:

1. Qui è molto caldo, sono stanco di aspettare.
2. Mi raccomando, un buon vino bianco.
3. La bistecca è cruda.
4. Mi si è macchiata la cravatta.
5. Mi porti un caffè macchiato.
6. Scusi, mi porta il conto?

7. Accettate carte di credito?

8. Sa se c'è una banca, qui vicino?
9. La domenica siete chiusi?

Cameriere:

a) Con latte caldo o freddo?

b) Quello della casa va bene?

c) Credo di sì, ora chiedo.
d) Pochi secondi e sono da lei.
e) Ecco, arrivo subito.
f) Cerco di vedere se ce n'è una più cotta.

g) Non è colpa mia, purtroppo manca l'aria condizionata.

h) No, il locale è chiuso il mercoledì.

i) Sì, accanto al tabaccaio.

Suoni e vocabolario

1. Collegate le frasi di sinistra con quelle di destra.

A

1. L'ho letta su un cartellone.
2. È una bella cartolina.
3. Ti conviene comprare una cartina.
4. I documenti sono nella cartella.
5. Butta sempre le cartacce per terra.
6. Qui manca il cartellino del prezzo.
7. Preferisco una scatola di cartone, colorata.
8. Mi ha fatto un disegno su un cartoncino chiaro, molto carino.
9. La cartoleria si trova vicino al supermercato.
10. Purtroppo ho sparato anche l'ultima cartuccia.
11. Vai dal cartolaio, sicuramente trovi quello che cerchi.

B

a) No, eccolo, costa quarantamila lire.
b) Quale, quella bianca nel cassetto?
c) Che maleducato!
d) Chi te l'ha spedita?
e) Che pubblicità era?
f) Pensi che la trovo all'edicola?
g) Quale, la cooperativa?
h) Credi che sarà aperto a quest'ora?
i) Mi dispiace, credevo ci fosse ancora possibilità per te.
l) Sono d'accordo, è meglio che di metallo.
m) Per il tuo compleanno?

2. Lavorate in coppia (**A** e **B**). **A** legge una frase, **B** legge la risposta adeguata.

Pronuncia e grafia

Il suono [k] nella scrittura è rappresentato dalla lettera *c* se è seguito da *a, o, u*:
casa, come, cubo.

o dalle consonanti *r, l*:
crema, classe.

Quando, invece il suono è seguito da *e, i* si scrive *ch*:
chi, che.

139

Il suono [k], in alcune parole, quando è seguito da *u* e una vocale si scrive *q*: *quando, quello, qui, quotidiano* (vedi unità 23).
Il suono lungo [kk] si scrive *cc* se è seguito da *a, o, u* o dalle consonanti *r, l*: *bocca, sacco, occupato, accrescere, acclamare.*
ma si scrive *cch* quando è seguito da *e, i*: *bocche, sacchi.*

➠ In italiano **non esiste** la scrittura:
cha, cho, chu.

1. Leggete le seguenti parole e poi scrivetele in caratteri normali.

1. [mɛrkole'di] _____ 2. [for'ketːte] _____

3. ['kjaːve] _____ 4. [kja'maːre] _____

5. ['ɔkːki] _____ 6. ['vɛkːkje] _____

2. Completate la trascrizione fonetica delle seguenti parole.

1. [' alːdo] *caldo* 2. [' orːsa] *corsa*

3. [' iːlo] *chilo* 4. [i'tarːra] *chitarra*

5. ['masː jo] *maschio* 6. [bis'te ː e] *bistecche*

3. Dividete le parole in sillabe, oralmente.

1. [diffikol'ta] 2. [tok'kaːre] 3. [s'pɛkːkjo] 4. [bik'kjɛːre]

5. [kjakkje'roːne] 6. ['sakːko] 7. [eko'nɔːmiko] 8. ['ɛkːko]

9. [preokku'paːto] 10. ['makːkina] 11. [okku'paːto]

Ora inserite le parole scritte in caratteri normali, nelle frasi che seguono.

1. Vuoi qualcosa di fresco? Una Coca-Cola o un _____ di vino.

2. Siamo andati in discoteca con Maria, la nostra amica polacca. Ci siamo divertiti un _____.

3. _____, mancano i miei documenti non posso partire per le vacanze!

4. È la seconda volta che telefono a Corrado, ma è sempre

_____, che _____!

5. Chiara è una vera amica, capisce sempre quando io mi trovo in

_____.

6. Non _____ quei vasi sono molto antichi.

7. Sto male, non riesco a ricordare più nulla, sono _____ /a.

8. Non è _____, credo che, invece, sia piuttosto costoso.

9. Non credere che rompere uno _____ porti sfortuna.

10. È una _____ comoda lo so, ma per andare a Chiasso preferisco la mia.

—●

4. 🔲 Ascoltate e scrivete le parole senza senso.

1.	_____	2.	_____
3.	_____	4.	_____
5.	_____	6.	_____
7.	_____	8.	_____
9.	_____	10.	_____

—●

Intervallo

Leggete lo scioglilingua alcune volte, aumentando ogni volta la velocità.
Se sbagliate dovete ricominciare.

Sopra la panca la capra campa
Sotto la panca la capra crepa.

g, G [g] **gatto**

Per pronunciare questo suono toccate il velo con la parte posteriore del dorso della lingua. Staccate la lingua dal velo e dite [g], l'aria esce dalla bocca. Le corde vocali devono vibrare.

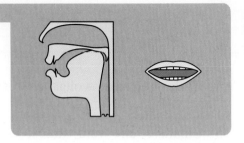

Imitazione

1. Ascoltate le parole guardando le figure.

2. Riascoltate. Fermate la cassetta dopo ogni parola e ripetete in silenzio.

3. Riascoltate le parole e ripetete a voce alta.

Suoni e grammatica

1. Trasformate dal singolare al plurale.

ago	*aghi*	riga	*righe*
lago		lunga	
lungo		larga	
largo		ruga	
albergo		belga	
fungo			

Dialogo **Magari, sarebbe meglio grigia.**

1. La Signora Gatti
entra in un negozio
di abbigliamento.
Ascoltate senza
guardare il testo.

Buongiorno, posso aiutarla?
Sì, grazie, vorrei vedere una gonna.
È per lei?
No, è un regalo, per una ragazza!
5 Un genere sportivo?
No, elegante.
Lunga, va bene?
Sì, magari sarebbe meglio grigia.
Ora gliela prendo. Va bene a righe?
10 Ssì, va bene... la prendo. E... poi vorrei vedere
un golf per me.
Sì, subito.
Non è un po' grande?
Ora vanno un po' larghi, sa, è la moda.
15 Mhm, la ringrazio ma non è di mio gusto,
prendo solo la gonna.
Va bene.
Posso pagare con un assegno?
No, signora, mi dispiace è il regolamento
20 del negozio.
Ah, allora non ho i soldi per pagare.

2. Prima di riascoltare leggete le seguenti domande:
a. Qual è la parola più in rilievo alla riga 8?
b. Perché la commessa dice *"sa"* e fa una pausa (riga 14)?
Riascoltate e leggete il dialogo in silenzio. Rispondete alle domande
precedenti.

3. Riascoltate il dialogo, fermatevi dopo ogni battuta e ripetete.

4. Leggete il dialogo in coppia (A e B) A: la commessa, B: la signora Gatti.

Intonazione

1. Ripetete le frasi
con gentilezza.

Sì, grazie, vorrei vedere una gonna.

1. Sì, grazie, vorrei un maglione grigio.
2. Sì, grazie, vorrei un golf di lana.
3. Sì, grazie, vorrei una gonna elegante.

2. Rispondete alle
domande secondo
l'esempio.

Può venire, per piacere?
Sì, vengo!

1. Può salire, per piacere?
2. Può scegliere, per piacere?
3. Può rimanere, per piacere?

Accento di parola 🔲

1. Ripetete facendo
attenzione alla
parola in rilievo.

Magari, sarebbe meglio grigia.

1. *Magari*, è un po' grande.
2. *Magari*, è troppo largo.
3. *Magari*, pago domani.

Pausa 🔲

1. Ripetete facendo
attenzione alla
pausa (//).

Ora vanno un po' larghi, sa, // è la moda.

1. Ora vanno un po' lunghi, sa, // le ragazze.
2. Ora il gusto è diverso, sa, // i giovani.
3. Ora vanno eleganti, sa, // è la moda.

Conversazione

1. Lavorate in coppia (A e B). **A** pone la domanda, **B** risponde: *"Magari!"*

A: *Hai già fatto i bagagli?*
B: *Magari!* (significa: "Vorrei avere i bagagli già fatti, ma purtroppo non è così.")

A

1. Sei sempre tanto allegro?
2. Abiti vicino al lago di Garda?
3. I ragazzi rimangono a cena?
4. Ti ha spiegato il programma di lavoro?
5. Ti hanno regalato il frigorifero?
6. Tu non sei goloso/a, vero?

Intervallo

Indovinello

L'insegnante divide gli studenti in due squadre e pone un quesito. Ogni squadra deve rispondere senza guardare il testo e aspettando la fine della formulazione del quesito. Chi risponde prima, ha il punto. Se sbaglia passa la mano. La soluzione è una parola che contiene il suono [g].

1. Se è di 90 gradi è retto.
2. È sull'automobile, ci sono numeri e lettere.
3. L'opposto di stretto.
4. Lo alza chi beve troppo vino.
5. Sono nelle favole, sono brutte e malvagie.
6. Si fanno a Natale.
7. Viene dopo luglio.
8. L'opposto di dimagrire.
9. Il verbo di "grazie".
10. L'opposto di grasso.
11. Se la stanza non è doppia è...
12. Miele sta a ape come uovo sta a...

Pronuncia e grafia

Il suono [g] nella scrittura è rappresentato da *g* se è seguito da *a, o, u* o dalle consonanti *l, r*:

gatto, gomito, gusto, glicine, grave.

quando è seguito da *e, i* si scrive *gh*:

laghetto, laghi.

Il suono [gg] si scrive *gg* se è seguito da *a, o, u* o dalle consonanti *l, r*:

agglomerato, aggressivo.

ma si scrive *ggh* se è seguito da *e, i*:

agghindare.

➡ In italiano **non esiste** la scrittura:

gha, gho, ghu.

1. Scrivete le seguenti parole in caratteri normali.

1. ['tarːga] _____
2. ['funːgi] _____
3. ['paːgi] _____
4. [ego'isːta] _____
5. ['ruːge]_____
6. ['gamːba] _____
7. ['feːgato] _____
8. [page'raːi] _____

Ora inseritele nelle frasi che seguono.

1. Sei un vero _____ ! Non ti interessi mai dei problemi degli altri.
2. Dai! non avere paura delle _____, l'importante è essere giovani dentro!
3. È un ragazzo in _____, ti puoi fidare di lui.
4. Prima ho avuto mal di _____, ora mi fa male la gola.
5. Se _____subito risparmi un po' di soldi, altrimenti _____un'altra volta.
6. Hai preso il numero della _____ ? No, non ho fatto in tempo.
7. Prendo risotto ai _____ e parmigiano, il mio preferito.

2. 🔲 Ascoltate e scrivete le parole senza senso.

1. _____
2. _____
3. _____
4. _____
5. _____
6. _____
7. _____
8. _____

22 [k g] cane, gatto

Per differenziare questi due suoni dovete controllare le corde vocali. Chiudete le orecchie con le mani e dite [k] alcune volte. Fate la stessa cosa con [g], mentre l'aria è ancora trattenuta dalla lingua voi dovete sentire la vibrazione delle corde vocali. Dite [kg kg kg]. Se non sentite la differenza, fate gli esercizi sulla sonorità a pag. 90.

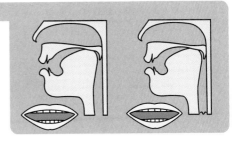

Identificazione 🔊

1. Ascoltate le parole senza senso. Sentirete due parole per ogni numero (A e B). Scrivete una ✗ dove sentite [k] come in *cane*.

	A	B
1.	☐	☐
2.	☐	☐
3.	☐	☐
4.	☐	☐
5.	☐	☐

2. Sentirete due parole per ogni numero (A e B). Scrivete una ✗ dove sentite [g] come in *gatto*.

	A	B
1.	☐	☐
2.	☐	☐
3.	☐	☐
4.	☐	☐
5.	☐	☐

3. Sentirete una parola per ogni numero. Scrivete (–) se sentite [k] e (+) se sentite [g].

1. ☐   2. ☐   3. ☐   4. ☐   5. ☐   ⚷

Discriminazione 🔊

1. Sentirete due coppie di parole per ogni numero (A e B). Scrivete una ✗ dove sentite due parole uguali.

	A	B
1.	☐	☐
2.	☐	☐
3.	☐	☐
4.	☐	☐
5.	☐	☐

2. Sentirete due parole per ogni numero. Scrivete una ✗ solo dove sentite due parole uguali.

1. ☐   2. ☐   3. ☐   4. ☐   5. ☐

3. Sentirete una parola per ogni numero. Ogni parola contiene i suoni [k] e [g]. Se sentite prima [k] e poi [g], scrivete A. Se sentite prima [g] e poi [k], scrivete B.

Es.: _c_asalin_g_a   A

     _g_re_c_o   B

1. ☐   2. ☐   3. ☐   4. ☐   5. ☐   ⊶

Dialogo 🔊   **Buon compleanno, Graziano!**

1. Caterina e Graziano sono colleghi di lavoro. Ascoltateli senza guardare il testo.

     Tanti auguri, Graziano!
     Grazie...
     Sei sempre più giovane, complimenti!
     Ehm...
5   Questo è un piccolo regalo. Buon compleanno!
     Ah, grazie, ma...
     Il tuo compleanno, una data che non potrei mai dimenticare!
     Ehm...
10   Ogni anno a gennaio, mi ricordo di te.
     Ti ringrazio, ma...
     Ma non sei contento?
     Sì, ma... veramente, sono nato in agosto!
     Ah, ma, sai, volevo essere la prima!...

2. Ascoltate le parole e segnate (–) se sentite [k] e (+) se sentite [g].

1. ☐   2. ☐   3. ☐   4. ☐   5. ☐   6. ☐
7. ☐   8. ☐   9. ☐   10. ☐   11. ☐   12. ☐   ⊶

3. Riascoltate e ripetete le parole senza guardare il testo.

4. Prima di riascoltare leggete le seguenti domande:
     a. Qual è lo stato d'animo di Graziano?
     b. Qual è la parola più in rilievo alla riga 13?

Riascoltate e leggete il dialogo in silenzio. Rispondete alle domande precedenti.

5. Riascoltate il dialogo, fermatevi dopo ogni battuta e ripetete. Graziano
è imbarazzato.

6. Leggete il dialogo in coppia (A e B). A: Caterina, B: Graziano.

Intonazione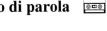

1. Ripetete le frasi
con entusiasmo.

Tanti auguri, Graziano!

   1. Auguri Claudio!
   2. Complimenti, Cristina!
   3. Buon compleanno, Gabriella!
   4. Goditi la vita, Edgardo!

2. Ripetete le frasi
controllando
l'intonazione.

È in gennaio o in agosto?

   1. È di mercoledì o di domenica?
   2. È il primo o il secondo?
   3. È costoso o economico?

3. Riascoltate le domande dell'esercizio n. 2 e rispondete scegliendo la seconda possibilità.

       È in gennaio o in agosto?
       È in agosto.

Accento di parola

1. Ripetete facendo
attenzione alla
parola in rilievo.

***Veramente,** sono nato in agosto.*

   1. *Veramente,* oggi è domenica.
   2. *Veramente,* non sono il più grande.
   3. *Veramente,* non sono greco.

Pausa

1. Ripetete le frasi
facendo attenzione
alle pause (//).

Ah, ma, // sai, // volevo essere la prima.

   1. Ah, ma, //sai, // cambiamo argomento.
   2. Ah, ma, // sai, // sono stravagante.
   3. Ah, ma, // sai, // non voleva fare una brutta figura.

Suoni e vocabolario

1. Cercate una parola in B che sia l'opposto di A. Uno studente dice una parola, un altro ne dice una di significato opposto.

A	B
1. costoso	a. grande
2. corto	b. aggressiva
3. piccolo	c. grasso
4. magro	d. lungo
5. calma	e. economico
6. chiari	f. cotta
7. cruda	g. scuri

2. Lavorate in coppia (A e B). **A** legge una frase, **B** risponde secondo l'esempio.

A: *Questo golf è costoso.*   **B:** *No, non è costoso, è economico.*

1. Il suo cognome è corto.
2. È grasso?
3. È un regalo piccolo.
4. I suoi occhi sono chiari.
5. Questa carne è cruda.

Pronuncia e grafia

1. Leggete le frasi e trovate l'errore di scrittura (in ogni frase uno).

1. Vivo in campagna e ho molti animali: cavalli, capre, galline, mucce, maiali.
2. Ci sono due strade molto large, tu devi prendere quella a destra vicino al supermercato.
3. È un posto molto charatteristico: c'è una bella chiesa, il palazzo comunale, case medioevali.
4. Supera tutti gli esami solo perché suo padre è ricco e lo conoscono tutti. Che schifo!
5. Non posso pagare oggi, le banche sono chiuse. Pagerò domani.
6. Questo è lo scema del lavoro che dobbiamo fare. Non fare scherzi, dobbiamo finire entro questa settimana.

2. Completate le parole con 1: *c*, 2: *cc*, 3: *g*, 4: *gg*.

1. Mi o___orre una camera sin___ola non una doppia.

2. Perché liti___hi ___ontinuamente con tua ___ognata? ___uarda le ___ose in maniera diversa, sembra che ci provi ___usto!

3. Telefono da ore, ma è sempre o___upato, forse ha l'appare___hio isolato, o l'ha sta___ato.

4. Sono diso___upata, è per questo che faccio la casalin___a.

5. È molto a___ressivo ___uida come un pazzo in mezzo al traffi___o, liti___a con tutti, sai cosa fa? Par___heggia in se___onda fila, ___hiude a ___hiave la ma___hina e se ne va.

6. ___orri! Il taba___aio ___hiude, non posso rimanere senza si___arette.

7. Ri___òrdati di appare___hiare per quattro, viene anche la mia ___olle___a.

8. Ti a___ompagno io, è una buona o___asione per fare quattro ___hia___hiere.

➤**○**

3. Leggete le seguenti espressioni e inseritele nelle frasi che seguono.

in bocca al lupo   complimenti   condoglianze   auguri
buon compleanno   prego si accomodi   congratulazioni   grazie
crepi il lupo.

1. Hai l'esame di chimica domani, vero ?
   Sì, ma ho poche speranze...
   _____!
   _____!

2. Che bel bambino! _____!

3. _____! ti sei laureato in soli quattro anni!

4. _____! Cento di questi giorni!
   _____!

5. Signora, _____!
   _____ mille!

6. Le faccio le mie più sentite _____! conoscevo suo marito molto bene.   ➤**○**

4. Leggete le seguenti parole.

1. [kas'taɲːne]	2. [kol'tɛlːlo]	3. [kuk'kjaːjo]	4. ['mukːka]
5. [len'tikːkje]	6. ['pɛsːke]	7. [fi'nɔkːki]	8. [*dzuk'kiːne]
9. [lat'tuːga]	10. ['gatːto]	11. [ka'rɔːte]	12. ['kaːvoli]
13. [for'ketːta]	14. ['galːlo]	15. [ka'valːlo]	16. ['kaːpra]
17. ['kaːne]	18. [albi'kɔkːke]	19. ['fraːgole]	20. [ge'parːdo]

Scrivete le parole in caratteri normali nella colonna giusta, a seconda della famiglia a cui appartengono.

1. frutta	2. legumi	3. posate	4. verdura	5. animali
castagne				

Modi di dire

1. Completate le frasi con le seguenti parole.

pecora, pappagallo, tartaruga, scoiattolo, oca, gallina.

1. Non puoi dire che Gabriele è la _____ nera della famiglia, solo perché non trova lavoro.
2. Che catastrofe! Se ci penso ho ancora la pelle d'_____.
3. Dai, corri! Sei lento come una _____.
4. Ripete tutto quello che sente come un _____.
5. È incredibile, corre e si arrampica come uno _____.
6. Perché secondo te si dice che una persona ha un cervello di _____ _____?

Intervallo

Indovinello

L'insegnante divide gli studenti in due squadre, e pone un quesito. Ogni squadra deve rispondere senza guardare il testo e aspettando la fine della formulazione del quesito. Chi risponde prima, ha il punto. Se sbaglia passa la mano. La soluzione è una parola che contiene o il suono [k] o [g].

1. L'opposto di ricordare.
2. Serve per cucire.
3. Canta ogni mattina all'alba.
4. Si masticano, si masticano, ma non si mangiano.
5. Gatto sta a topo come cane sta a...
6. Nome e cognome di chi ha scoperto l'America.
7. Se non c'è leggi *ricci*, se c'è leggi *ricchi*, che cos'è?
8. L'opposto di corto.
9. Una piccola quantità di liquido.
10. Guerra sta a pace come nero sta a...

Pubblicità

1.
a. Ascoltate senza guardare il testo.

b. Riascoltate guardando il testo.

c. Riascoltate e completate con le parole mancanti.

I _____ le cercano con i _____, i napoletani le amano con le _____, i milanesi le adorano con le _____. Tagliatelle Emiliane Barilla. Vere Emiliane.

d. Controllate le parole nelle chiavi.

e. Riascoltando leggete insieme all'attrice, cercate di imitare l'intonazione, l'accento sulle parole e le pause.

2.
a. Ascoltate guardando il testo, fermate la cassetta a ●. Scrivete le lettere dell'alfabeto che mancano.

b. Quando avete completato, riavviate la cassetta e finite di ascoltare guardando il testo.

Buongiorno, vorrei prenotare un traghetto per la Sardegna.

Ah, ___anta___tico.

___anta___tico? Ha detto ___anta___tico?

Certo, la ___ardegna, il ___ole, il mare, una vacanza con i ___iocchi.

5 *Mi scusi, ma credo che andrò in un'altra agenzia.*

Ma perché? Abbiamo ___icuramente quello che ___a per lei. ●

Non credo vi mancano le "effe-esse".

Con i _____ F.S. andare in Sardegna sulla linea _____

Golfo degli Aranci, diventa una piccola _____.

10 *Più spazio a voi, più spazio al servizio, più sconto per chi viaggia di giorno.*

Quindi se dovete andare in Sardegna, fatelo con le F.S.

c. Riascoltate e scrivete le parole che mancano. Se necessario, riascoltate tutto il testo per finire di completare.

d. Controllate le parole nelle chiavi.   ━●

e. Lavorate in tre (A, B, C). **A** e **B** leggono il breve dialogo fino alla riga 7. **C** legge dalla riga 8 alla 11.

23

Per pronunciare [kw], che è composto da due suoni, toccate il velo con la parte posteriore della lingua come per [k]. Arrotondate le labbra come per dire [w], le guance sono vicine tra di loro. Staccate la lingua dal velo e dite [kw], l'aria esce dalla bocca. Le corde vocali non vibrano.

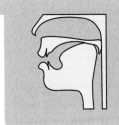

Imitazione

1. Ascoltate le parole guardando le figure.

2. Riascoltate. Fermate la cassetta dopo ogni parola e ripetete in silenzio.

3. Riascoltate le parole e ripetete a voce alta.

Dialogo

Quarantadue, quarantatré, quarantaquattro.

1. Claudio e Catia sono in ufficio. Catia è giù di morale e Claudio la vuole aiutare. Ascoltateli senza guardare il testo.

C'è qualcosa che non va?
No, perché?
Mi sembri triste, hai qualche problema?
No, sta' tranquillo.
5   Comunque... ti lascio il mio numero, chiamami quando vuoi. Per qualunque cosa!
Grazie.

155

Te lo scrivo qui sul quotidiano. Ecco...
Quarantadue, quarantatré, quarantaquattro? Quanto è difficile da
10 ricordare!
Non ci crederai, ma qualche volta quasi me lo dimentico!

2. Prima di riascoltare leggete le seguenti domande:
a. Com'è Claudio (riga 3)?
b. Come dice Catia la frase alla riga 9? È vero che il numero *"è diffici-le da ricordare"?*
Riascoltate e leggete il dialogo in silenzio. Rispondete alle domande precedenti.

3. Riascoltate il dialogo, fermatevi dopo ogni battuta e ripetete. Catia è depressa e Claudio la conforta.

4. Leggete il dialogo in coppia (A e B). A: Claudio, B: Catia.

Intonazione 🔲

1. Ripetete le frasi.

Quanto è difficile!

1. Quanto sei noioso!
2. Quanto t'inquieti!
3. Quanto mangi!

2. Ripetete i numeri imitando Catia.

Quaranta, quarantuno, quarantadue?

1. Quarantatré, quarantaquattro, quarantacinque?
2. Quarantasei, quarantasette, quarantotto?
3. Quarantonove, cinquanta, cinquantuno?

Pausa 🔲

1. Ripetete facendo attenzione alla pausa (//).

Comunque, // ti lascio il mio numero.

1. Comunque, // ti chiamo alle cinque.
2. Comunque, // te lo scrivo sul quotidiano.
3. Comunque, // sta' tranquilla.

Imitazione

1. Ripetete.
le frasi.

1. Quanto hai pagato?
   Quanto hai pagato quel quadro?
   Quanto hai pagato quel quadro che è in camera tua?

2. Quando torna?
   Quando torna quella persona?
   Quando torna quella persona con la quale hai parlato?

3. Chi è quello?
   Chi è quell'uomo?
   Chi è quell'uomo con il cappello vicino a lui?

4. Di chi è quel quaderno?
   Di chi è quel quaderno rosso?
   Di chi è quel quaderno rosso che era qui?
   Di chi è quel quaderno rosso che era qui sul tavolo?

Suoni e grammatica

1. Trasformate
le frasi
secondo
l'esempio.

Ho alcuni problemi.
Ho qualche problema.

1. Alcune volte vengo qui.
2. Aspetta da alcuni giorni.
3. È arrivato alcuni mesi fa.
4. Non esce da alcune settimane.

Conversazione

1. Lavorate in coppia (A e B). **A** pone una domanda, **B** sceglie la risposta
adeguata.

A	**B**
1. Quanto tempo ci sei rimasto/a?	a) Quattro ore.
2. Quanto tempo ci vuole?	b) Alle cinque e tre quarti.
3. Quando torni?	c) Alle quattro meno un quarto.
4. A che ora arrivi qui?	d) Un quarto d'ora.
5. Quanto ci vuole per arrivare qua?	e) Tre ore e un quarto.

2. Lavorate in coppia (A e B). **A** pone una domanda, **B** risponde. Domande e risposte sono già in ordine.

A	B
1. Qual è il tuo numero di telefono?	543415.
2. A quale numero abiti?	Al numero 40.
3. Quanto hai speso?	500.000 lire.
4. Quanti anni ha?	25.
5. Quando parte il treno?	Alle 15,55.
6. Quando sei arrivato/a in Italia?	Il 14 gennaio 1995.
7. Quando parte l'aereo?	Alle 4,40.
8. Quanta torta hai mangiato?	Poca..., solo 3/4!
9. Quante persone hanno votato?	L'85%.
10. Era caldo in Sicilia?	Erano quasi 45° C.

Intervallo

1. Facciamo un po' di conti! Lavorate in coppia (A e B). **A** fa le domande, **B** sceglie la risposta esatta.

A	B
1. Quanto fa 50 + 104?	a) 44
2. Quanto fa 48 – 4?	b) 43
3. Qual è quel numero	c) 125
che diviso per 4 da 14?	
4. Quanto fa 25 x 5?	d) 154
5. Quanto fa 24 +15 + 4?	e) 56

2. Sottolineate la data giusta in ognuna delle seguenti frasi.

1. Il primo conflitto mondiale
è cominciato nel — ~~1914~~   1895

2. Il secondo conflitto mondiale
è finito nel — 1925   1945

3. Cristoforo Colombo ha scoperto
l'America nel — 1618   1492

4. Michelangelo Buonarroti
è nato nel — 1475   1815

5. Guglielmo Marconi, per primo,
trasmise via radio dalla Gran Bretagna
all'Australia nel — 1925   1774

Scrivete le risposte esatte in lettere e leggetele.

1. 1914   *millenovecentoquattordici.*
2. _____
3. _____
4. _____
5. _____   ━●

Scioglilingua

Ripetete le frasi velocemente più di una volta. Se sbagliate dovete ricominciare.

C'è il questore a quest'ora in questura?
No, il questore a quest'ora in questura non c'è.

Pronuncia e grafia

Il suono [kw] è sempre seguito da vocale e si scrive *qu*:
quaderno, quello, quindici, quotidiano.

In alcune parole il suono [kw] seguito da una vocale si scrive *cu*:
cuocere, cuoco, cuoio, cuore, riscuotere, scuola, scuotere.

Per fortuna sono poche, ma bisogna imparare la loro scrittura a memoria, perché la pronuncia non aiuta!

Quando il suono è lungo [kkw] si scrive *cqu*:
acqua.

Si scrive *qqu* solo nella parola:
soqquadro.

1. [📼] Ascoltate le parole e scrivete una ✘ se sentite il suono lungo [kk] come nella parola *acqua.*

1. ☐   2. ☐   3. ☐   4. ☐   5. ☐   6. ☐   7. ☐

2. Leggete le parole.

1. [frekwen'taːre]   2. [sok'kwaːdro]   3. [akwi'loːne]
4. [riʃʃak'kwaːre]   5. [ak'kwaːrjo]   6. [akkwis'taːre]
7. ['aːkwila]   8. ['akːkwa]

Ora scrivetele in caratteri normali e inseritele nelle frasi che seguono.

1. Io sono dell'_____ e tu di che segno sei?
2. Sono sicuro/a che l'automobile si deve _____ in contanti.
3. A scuola ho costruito un _____ di carta, coloratissimo.
4. Hai una vista eccezionale, sei un' _____!
5. Prima devi lavare con _____ e sapone e poi
   _____ abbondantemente.
6. Sei obbligato a _____ le lezioni, se vuoi sostenere gli esami.
7. I ladri hanno messo a _____ tutto l'appartamento, quadri per
   terra, cassetti aperti, qualsiasi cosa era fuori posto.

3. Completate le frasi con le seguenti parole.

*cuoca, cuore, cuocere, cuoio, inquinata, acquolina, quintali, squisito,
quantità, acquerelli, equatore.*

1. È una spiaggia molto _____, non la frequenta più nessuno.
2. So che sei una _____ bravissima! Ho già
   l'_____ in bocca, sono sicura che sarà tutto
   _____.
3. Preferisco le scarpe con la suola di _____ a quella di gomma.
4. Soffre il mal di _____ e mangia troppo e male, dovrebbe
   controllare non solo la _____ ma anche la qualità dei cibi.
5. Ti bastano venticinque _____ di legna per tutto l'inverno?
6. Ti prego di _____ la pasta al dente!
7. Come pittore riscuote molto successo. I suoi _____ sono molto quotati.
8. Secondo te l'Ecuador è attraversato dall'_____?

Modi di dire

1. Inserite le parole *cuore* e *acqua* nelle seguenti frasi.

1. Sono andata tante volte a cercarlo per parlargli, ma ho fatto ogni volta un buco nell'_____.

2. Ti prego non lo dire a papà, _____ in bocca!

3. È una questione che mi sta molto a _____, ti aiuterò senz'altro.

4. T'assicuro che l'esame non è difficile, è una prova all'_____ di rose.

5. Ti faccio i miei più cari auguri, con tutto il _____.

6. Mi ha parlato per ore col _____ in mano, ho apprezzato molto la sua sincerità.

7. Mi dispiace non posso uscire, devo finire il lavoro entro il quindici e mi trovo con l'_____ alla gola.

8. È una ragazza in gamba, ma questa volta si è persa in un bicchiere d'_____.

⊸●

Per pronunciare [gw] che è composto da due suoni toccate il velo con la parte posteriore della lingua come per [g]. Arrotondate le labbra come per dire [w], le guance sono vicine tra di loro. Staccate la lingua dal velo e dite [gw], l'aria esce dalla bocca. Le corde vocali devono vibrare.

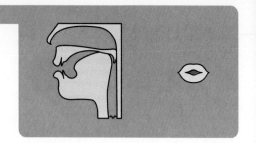

Imitazione

1. Ascoltate le parole guardando le figure.

2. Riascoltate. Fermate la cassetta dopo ogni parola e ripetete.

3. Riascoltate le parole e ripetete a voce alta.

Amici

1. Ascoltate.

Agata, Guendalina, Guglielmo e Guido sono molto amici.
Agata fa la guida turistica parla tre lingue come Guglielmo, ma non guadagna molto. È una ragazza molto calma e non guarda mai la TV.
Guendalina ha un buon lavoro, guadagna molto, ha una macchina ma non sa guidare, è una ragazza che segue la moda come il suo amico Guglielmo e è sempre in guerra con i vicini di casa.

Guglielmo lavora molto e guadagna molto, abita vicino a Guido. La sera
torna a casa, mangia e guarda la TV per ore.
Guido fa il guardiano notturno, è bilingue, non sa guidare e la sua vita è
piena di guai.

2. Riascoltate e completate.

	Agata	Guendalina	Guglielmo	Guido
Chi...				
parla le lingue?				
non sa guidare ?				
guadagna molto ?				
guarda la TV?				
non va d'accordo con i vicini?				
segue la moda ?				
ha un sacco di problemi?				

3. Ripetete le frasi senza guardare il testo. 🔲

1. Guglielmo parla tre lingue.
2. Guendalina non sa guidare.
3. Guido fa il guardiano notturno.
4. Guendalina guadagna molto.
5. Guido è bilingue.
6. Guglielmo segue la moda.
7. Agata fa la guida turistica.
8. Guido abita vicino a Guglielmo.
9. Guglielmo guarda la TV per ore.
10. Guendalina è sempre in guerra con i vicini.

Intonazione 🔲

1. Trasformate le frasi secondo l'esempio.

Guglielmo guadagna molto.
Guarda che non guadagna come Guendalina.

1. Guglielmo guida bene.
2. Guglielmo segue la moda.

2. Trasformate
le frasi secondo
l'esempio.

Agata parla tre lingue.
Guglielmo, invece, non parla tre lingue.

1. Agata fa la guida turistica.
2. Guido fa il guardiano.
3. Guido è bilingue.

Pronuncia e grafia

Il suono [gw] si scrive *gu*:

seguire, guerra, guardare.

Se il suono è lungo [ggw] si scrive *ggu*:

agguerito.

1. 🔲 Ascoltate e scrivete le parole senza senso.

1. _____ 2. _____ 3. _____ 4. _____

5. _____ 6. _____ 7. _____

2. Completate le frasi con le seguenti parole.

guai, uguale, guarito/a, guance, guardaroba, guinzaglio, distinguere, pinguini.

1. Poveretto, ha un sacco di _____ e non sa più come fare.
2. Ho lasciato il cappotto al _____, ma ho perso i guanti.
3. Non vedo più bene, non riesco più a _____ il numero dell'autobus.
4. Senti caldo? Hai due _____ rosse!
5. Se vai al parco con il cane ricordati di portare il _____.
6. Sono _____, ma è stata proprio una brutta malattia.
7. Tuo figlio è così testardo, proprio _____ a te!
8. I _____ sono uccelli, non sono mammiferi.

Modi di dire

1. Completate le frasi con *guai, guarda, guardare, lingua, sangue (2)*.

1. Guarda sono sicura di saperlo, ora non me lo ricordo, aspetta... ce l'ho sulla punta della _____.

2. Guido mi è veramente antipatico, _____ tutti dall'alto in basso.

3. La situazione era difficile e tua sorella ha dimostrato di avere _____ freddo.

4. Muoviti! Dai! Non stare lì a _____.

5. Guido e Guendalina non si parlano, tra i due non corre buon _____.

6. _____ a te se esci, invece di studiare.

—•

25

Per differenziare questi due suoni dovete controllare le corde vocali. Chiudete le orecchie con
le mani e dite [kw] alcune volte. Fate la stessa
cosa con [gw], mentre l'aria è ancora trattenuta
dalla lingua, dovete sentire la vibrazione delle
corde vocali. Dite [kw gw kw gw]. Se non sentite la differenza, fate gli esercizi sulla sonorità a
pag. 90.

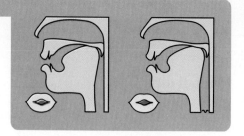

Identificazione

1. Ascoltate le parole senza senso. Sentirete due parole per ogni numero
(A e B). Scrivete una ✗ dove sentite [kw] come in *quadro*.

    A   **B**

1. ☐   ☐
2. ☐   ☐
3. ☐   ☐
4. ☐   ☐
5. ☐   ☐

2. Sentirete due parole per ogni numero (A e B). Scrivete una ✗ dove sentite [gw] come in *guanti*.

    A   **B**

1. ☐   ☐
2. ☐   ☐
3. ☐   ☐
4. ☐   ☐
5. ☐   ☐

3. Sentirete una parola per ogni numero. Scrivete (–) se sentite [kw] e (+)
se sentite [gw].

1. ☐   2. ☐   3. ☐   4. ☐   5. ☐   🔑

Discriminazione

1. Sentirete due coppie di parole per ogni numero (A e B). Scrivete una ✗
dove sentite due parole uguali.

    A   **B**

1. ☐   ☐
2. ☐   ☐
3. ☐   ☐
4. ☐   ☐
5. ☐   ☐

2. Sentirete due parole per ogni numero. Scrivete una ✗ solo dove sentite due parole uguali.

1. ☐   2. ☐   3. ☐   4. ☐   5.☐

3. Sentirete tre parole per ogni numero (A, B e C). Segnate con una ✗ le due parole uguali.

A	B	C
1. ☐	☐	☐
2. ☐	☐	☐
3. ☐	☐	☐
4. ☐	☐	☐
5. ☐	☐	☐

Imitazione

1. Ripetete le parole.

2. Ripetete le frasi senza guardare il testo.

1. Quando arrivi?
2. Ti guarda da due ore.
3. Quanti anni hai?
4. Hai perso i guanti.
5. Il liquido è infiammabile.
6. Perché mi hai seguìto?
7. Siamo in cinque.
8. Vorrei una bistecca cotta al sangue.
9. Quale vuoi?
10. Non è uguale?

3. Ripetete le frasi senza guardare il testo.

1. Quando arrivi ti guarda sempre.
2. Quanti guanti hai perso?
3. Perché mi hai seguìto? Il liquido è infiammabile!
4. Una bistecca cotta al sangue per tutti e cinque.
5. Sono uguali, quale vuoi?

Pronuncia e grafia

1. Leggete le parole.

1. [kwa'lun:kwe]   2. [kwal'kɔ:za]   3. ['gwan:ti]   4. [kwal'ku:no]
5. [gwa'daɲ:ɲa]   6. ['kwal:ke]   7. [li'kwo:ri]   8. ['kwa:dro]
9. [gwa'ri:re]   10. [se'gwi:re]   11. [u'gwa:le]   12. ['kwan:ti]

Ora scrivete le parole in caratteri normali e inseritele nelle frasi che seguono.

1. _____volta penso che ci sia _____ che non va tra di noi.

2. Quasi quasi, stasera esco con _____, voglio _____ i tuoi consigli.

3. Spende tutto quello che _____ in sigarette e _____. Fuma e beve tutto il giorno, come può _____dalla sua malattia?

4. Questo o quello, per me è _____!

5. Ho perso i _____, quelli che mi aveva regalato Guido.

6. Verrò a _____costo, ma qual è il tuo indirizzo?

7. Ora che ti ho fatto un _____ della situazione, capisci meglio quanto sono stanco/a?

8. _____ anni avevi quando frequentavi il corso di danza?

➤●

26 f, F [f] **finestra**

Per pronunciare questo suono portate l'interno del labbro inferiore a toccare i denti superiori. Fate uscire l'aria dalla bocca e pronunciate [f] a lungo [fffff]. Le corde vocali non vibrano.

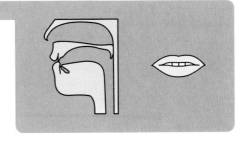

Imitazione 🔲

1. Ascoltate le parole guardando le figure.

2. Riascoltate. Fermate la cassetta dopo ogni parola e ripetete in silenzio.

3. Riascoltate le parole e ripetete a voce alta.

Dialogo 🔲	**Uffa, che fila!**

1. Sofia e Fabio lavorano insieme. Fabio ha dato un passaggio in macchina a Sofia. Ascoltateli senza guardare il testo.

Fa' attenzione, frena!
Sì, sì..
Attento, che fai? Il semaforo è...
Lo so.
5 Chiudi il finestrino, è freddo!
D'accordo.
Mi fai accendere?
Ma...adesso ti metti a fumare?

Che fai! Perché ti fermi?
10   Mah...
Uffa, che fila!
Eh, già...
Perché hai fatto questa strada?
Ma...
15   Pff, ho fame e ho anche fretta!
Mhm! Hai finito di sbuffare?
Fra poco devo telefonare a Fabrizio!
Ah, capisco!
Beh, perché ti sei fermato?
20   Qui c'è una cabina telefonica, e là, la fermata dell'autobus!
Ma come? Il telefono sicuramente non funziona, ho fretta!
Così non soffri più. Ciao a domani..., in ufficio!

2.   Prima di riascoltare leggete le seguenti domande:
a. Com'è la velocità della frase di Sofia (riga 11)? Le sillabe accentate sono più brevi o più lunghe?
b. Com'è lo stato d'animo di Fabio (riga 16)? Cosa esprime con *"Mhm!?"* ➤━○

Riascoltate e leggete il dialogo in silenzio. Rispondete alle domande precedenti.

3.   Riascoltate il dialogo, fermatevi dopo ogni battuta e ripetete.

4.   Leggete il dialogo in coppia (A e B). A: Sofia, B: Fabio.

Intonazione 🔲

1.   Ripetete le frasi imitando Sofia.

Fa' attenzione, frena!

1. Fa' attenzione, fermati!
2. Fa' attenzione, chiudi il finestrino!
3. Fa' attenzione, il semaforo è rosso!

2.   Ripetete le frasi imitando Sofia.

Uffa, che fila!

1. Uffa, che freddo!
2. Uffa, che fretta!
3. Uffa, non fumare!

3. Ripetete
le frasi
imitando
Fabio.

Mhm! Hai finito di sbuffare?

1. Mhm! Hai finito di fumare?
2. Mhm! Hai finito finalmente?
3. Mhm! Hai finito di fare colazione?

Suoni e vocabolario

1. Trasformate
le frasi secondo
l'esempio.

Attenzione
Fa' attenzione!

1. presto	4. il caffè
2. silenzio	5. il biglietto
3. in fretta	6. una foto

2. Trasformate
le frasi secondo
l'esempio.

Fare quattro passi.
Che ne dici di fare quattro passi?

1. Fare un caffè.
2. Fare una passeggiata.
3. Fare la spesa.
4. Fare una pausa.
5. Fare colazione.

Conversazione

1. Lavorate in coppia (A e B). **A** legge una frase, **B** sceglie la risposta adeguata.

A	**B**
1. Fino a che ora funziona il semaforo?	a) Fino a tardi.
2. Fino a che ora ti sei fermato/a?	b) Fino a martedì.
3. Fino a quando rimani a Firenze?	c) Fino alle dodici.
4. Fino a quando l'hai preso in affitto?	d) Fino alla fine del film.
5. Hai sofferto molto?	e) Fino a febbraio.
6. Ha partecipato Fiorella, alla festa?	f) Fra un momento.
7. Hai concluso l'affare?	g) Sì, alla fine.
8. Quando finisci di studiare?	h) Sì, finalmente!

Pronuncia e grafia

Il suono [f] si scrive *f* e *ff* quando è lungo [ff]:
telefono, caffè.

1. 🎧 Ascoltate le parole senza senso. Sentirete due parole per ogni numero (A e B). Scrivete una ✗ quando il suono è lungo [ff].

   A   B

   1. ☐   ☐
   2. ☐   ☐
   3. ☐   ☐
   4. ☐   ☐
   5. ☐   ☐

2. Sentirete una parola per ogni numero. Scrivete una ✗ dove sentite il suono lungo [ff].

   1. ☐   2. ☐   3. ☐   4. ☐   5. ☐ ⚬—

3. Completate le frasi con le parole che seguono.

   *affetto,   traffico,   semaforo,   buffo,   stufo/a,   professione,
   affollato,   soffitti,   offrire,   periferia,   confusione,   baffi.*

   1. Anche se l'appartamento è in _____, pago un affitto molto caro.
   2. Quello che mi dimostri non è _____ caro mio, affatto!
   3. L'ufficio informazioni è sempre molto _____, bisogna fare la fila.
   4. Qual è la sua _____?
      È laureato in farmacia, ma fa il fotografo.
   5. Sono _____, tutte le sere ho la febbre.
   6. È una casa con i _____ molto alti, e si soffre il freddo.
   7. Ti posso _____ un caffè? Dobbiamo festeggiare.
   8. È proprio _____ quando ride sotto i _____.
   9. Con questo _____ mi rifiuto di andare a fare le spese.
   10. Il _____ non funziona mai, c'e una _____ incredibile.
   ⚬—

27

Per pronunciare questo suono portate l'interno del labbro inferiore a toccare i denti superiori come per [f]. Fate uscire l'aria dalla bocca e pronunciate [v] a lungo [vvvvv]. Le corde vocali devono vibrare.

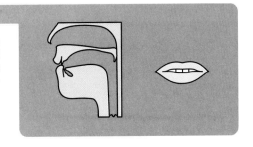

Imitazione

1. Ascoltate le parole guardando le figure.

2. Riascoltate. Fermate la cassetta dopo ogni parola e ripetete in silenzio.

3. Riascoltate le parole e ripetete a voce alta.

Suoni e grammatica

1. Ripetete le frasi.

1. È vostra la chiave?
2. È vostra la televisione?
3. È vostro il tavolo?
4. È vostro il divano?
5. Sono vostre le valige?
6. Sono vostri i vestiti?

Dialogo   **Come ti sei invecchiato!**

1. Livia e Silvano   Vai in vacanza, quest'anno, Silvano?
sono al bar.   Volevo ma non posso, devo lavorare.
Ascoltateli   Lavorare, lavorare, sempre lavorare!
senza guardare   Eh, devo, così va la vita.
il testo.   5 Ma perché non viaggi un po'?
     E dove vado?
     Ti va di venire in Svizzera con me?
     No, sono veramente stanco.
     Mamma mia, come ti sei invecchiato!

2. Prima di riascoltare leggete le seguenti domande:
a. Com'è la tonalità nella frase di Silvano (riga 8)? Qual è il suo stato d'animo? ⟝●
b. Qual è la parola più in rilievo nella seconda parte della frase (riga 9)?
Riascoltate e leggete il dialogo in silenzio. Rispondete alle domande precedenti.

3. Riascoltate il dialogo, fermatevi dopo ogni battuta e ripetete.

4. Leggete il dialogo in coppia (A e B). A: Livia, B: Silvano.

Intonazione

1. Ripetete   *Ti va di venire in Svizzera con me?*
le frasi con
gentilezza.   1. Ti va di venire in vacanza con me?
     2. Ti va di accettare il mio invito?
     3. Ti va di visitare Padova?

2. Ripetete   *Lavorare, lavorare, sempre lavorare!*
le frasi.
     1. Scrivere, scrivere, sempre scrivere!
     2. Viaggiare, viaggiare, sempre viaggiare!
     3. Lavare, lavare, sempre lavare!

3. Trasformate   Visitare Venezia.
le frasi secondo   *Ci vuole molto per visitare Venezia?*
l'esempio.
     1. Arrivare a casa tua.
     2. Ricevere le riviste.
     3. Lavare i piatti.

4. Ripetete
le frasi
controllando
l'intonazione.

1. Lavori per vivere o vivi per lavorare?
2. Scrivi per vivere o vivi per scrivere?
3. Viaggi per vivere o vivi per viaggiare?
4. Vinci per vivere o vivi per vincere?

Accento di parola 🖭

1. Ripetete
le frasi facendo
attenzione
alla parola
in rilievo.

Come ti sei invecchiato!

1. *Come* vivi male!
2. *Come* lavori sodo!
3. *Come* ti svegli nervoso!

Conversazione

1. Lavorate in coppia (A e B). **A** dice: *"è vecchio/a!"* **B** risponde *"no, non è vecchio/a, è giovane!"* oppure *"no, non è vecchio/a, è nuovo/a!"* a seconda della situazione.

A: *È vecchio!*
B: *No, non è vecchio, è giovane!*

1.

2.

3.

4.

5.

🔑

175

2. Lavorate in coppia (A e B). Leggete gli esempi e guardate le espressioni a fianco.
Nell'esempio a sinistra, A prima è contento, ma dopo la risposta di B è deluso. Nell'esempio a destra, A prima è deluso, ma dopo la risposta di B è contento.

A: È vero che ho vinto
una TV a colori?

B: No, hai vinto
ventinove uova?
A: Davvero?!

A: È vero che ho vinto
ventinove uova?

B: No, hai vinto
una TV a colori.
A: Davvero?!

Formulate le frasi come negli esempi, scegliendo tra gli oggetti sottoelencati.

nove vestiti verdi   un cavallo   venti giacche di velluto viola
novanta chiavi inglesi   un tavolo vecchio e rovinato   una villa
una vacanza in un villaggio turistico   diciannove vasetti di olive
un viaggio in nave   una valigia piena di uova   una tovaglia
venti scatole vuote   una cassa di vino invecchiato   una TV vecchia

Intervallo

Lavorate in gruppo (A, B, C...).
A dice: *"Venerdì ho comprato una valigia."*
B aggiunge: *"Venerdì ho comprato una valigia e una cravatta."*

Ogni nuovo studente deve aggiungere alla frase un oggetto che contenga il suono [v]. Quando la frase è diventata troppo lunga, si ricomincia dall'inizio.

un vaso di vetro   un divano   una lavatrice   una sveglia   un vestito
un portachiavi   una lavagna   una scrivania   la verdura   un tavolo

Aggiungete voi altre parole con il suono [v].

Pronuncia e grafia

Il suono [v] si scrive *v* e *vv* quando è lungo [vv]:
lavare, davvero.

1. Completate le frasi con le parole che seguono.

avaro, lavandino, vendere, primavera, novità, accomodatevi, improvviso, avventuroso.

1. Salve! _____ c'è posto per tutti.
2. È veramente _____, non regala mai niente a nessuno.
3. C'è una piacevole _____! Mi ha chiamato l'avvocato: ho vinto la causa.
4. Se vengono a _____ troveranno ancora tanta neve.
5. Vuole _____ la villa, ma non trova nessuno disposto a comprarla.
6. Attenta il _____ è pieno d'acqua.
7. A dire il vero è stato un viaggio molto _____. ━o

Modi di dire

1. Completate le frasi con *vita (2), vista (2), nuvole (2).*

1. Quando mi ha detto che si era sposato il mese scorso sono caduto/a dalle _____.
2. Su con la _____! Devi essere ottimista.
3. Lo conosco solo di _____, non ho mai parlato con lui.
4. Devo dire che non ho mai visto qualcosa di simile in _____ mia.
5. Ho sempre la testa tra le _____, sarà la primavera?
6. Io e Valeria ci siamo persi di _____, non la vedo dai tempi della scuola. ━o

Accento

1. Formate le forme verbali e leggetele.

lavorare lui lavoràva loro lavoràvano noi lavoravàmo voi lavoravàte

1. vendere _____ _____ _____ _____
2. scrivere _____ _____ _____ _____

3. vincere   _____   _____   _____   _____

4. volere   _____   _____   _____   _____

5. ricevere   _____   _____   _____   _____

6. arrivare   _____   _____   _____   _____

7. vivere   _____   _____   _____   _____

8. lavare   _____   _____   _____   _____

2. Leggete le seguenti frasi facendo attenzione alla posizione dell'accento.

1. A che ora prendevate il treno, la mattina?
   Noi alle dieci, ma gli ospiti di Elena si alzavano alle sette e alle nove già sciavano.
2. Noi prendevamo sempre la Coca-Cola, Monica invece prendeva solo vino.
3. Valerio andava in vacanza a marzo, noi ci andavamo in estate.
4. Mentre noi cucinavamo, alcuni tagliavano la legna, altri raccoglievano la verdura. Solo Vasco rimaneva sempre senza fare niente. Alla fine nemmeno lo sgridavamo più.

28 [f v] **finestra, valigia**

Per differenziare questi due suoni dovete controllare le corde vocali. Chiudete le orecchie con le mani e dite [f]. Fate la stessa cosa con [v], mentre l'aria esce dalla bocca dovete sentire la vibrazione delle corde vocali. Dite [fv fv fv fv]. Se non sentite la differenza, fate gli esercizi sulla sonorità a pag. 90.

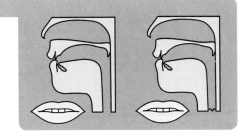

Identificazione 📼

1. Ascoltate le parole senza senso. Sentirete due parole per ogni numero (A e B). Scrivete una ✗ dove sentite [f] come in *finestra*.

	A	B
1.	☐	☐
2.	☐	☐
3.	☐	☐
4.	☐	☐
5.	☐	☐

2. Sentirete due parole per ogni numero (A e B). Scrivete una ✗ dove sentite [v] come in *valigia*.

	A	B
1.	☐	☐
2.	☐	☐
3.	☐	☐
4.	☐	☐
5.	☐	☐

3. Sentirete una parola per ogni numero. Scrivete (–) se sentite [f] e (+) se sentite [v].

1. ☐   2. ☐   3. ☐   4. ☐   5. ☐

Discriminazione 📼

1. Sentirete due coppie di parole per ogni numero (A e B). Scrivete una ✗ dove sentite due parole uguali.

	A	B
1.	☐	☐
2.	☐	☐
3.	☐	☐
4.	☐	☐
5.	☐	☐

2. Sentirete due parole per ogni numero. Scrivete una ✗ solo dove sentite due parole uguali.

1. ☐   2. ☐   3. ☐   4. ☐   5. ☐

3. Ascoltate. Queste sono parole che esistono in italiano.

4. Sentirete tre parole per ogni numero (A, B e C). Segnate con una ✗ le due parole uguali.

	A	B	C
1.	☐	☐	☐
2.	☐	☐	☐
3.	☐	☐	☐
4.	☐	☐	☐
5.	☐	☐	☐

Imitazione ▭

1. Ripetete le coppie di parole.

Dialogo ▭   **Sono una mamma veramente fortunata!**

1. Veronica e
Fabrizia
s'incontrano
dopo tanti anni.
Ascoltatele
senza guardare
il testo.

E i tuoi figli? Chissà quanto sono grandi!
Eh, sì, Francesco fa il fotografo, è molto giovane,
ma è veramente favoloso.
Ah!
5 Livia, invece, studia all'università, fa la facoltà di
farmacia, è eccezionale anche se non è facile, eh!
È vero?
Valerio invece, fa il falegname, è un vero artista!
Davvero?
10 Filomena è professoressa, si è sposata con un
francese, un avvocato famoso!
Veramente?!
Sì, viaggia molto, fa una vita interessante,
è molto felice.
15 Ma va?
Sì, sono una mamma veramente fortunata!

2. Riascoltate il dialogo e indicate con una ✗ la risposta.

Chi è...	Francesco	Livia	Valerio	Filomena	marito di Filomena
fotografo	✗				
all'università					
falegname					
avvocato					
giovane					
eccezionale					
un vero artista					
famoso					
prof.ssa					
favoloso					
felice					
francese					

Intonazione

1. Ripetete le frasi imitando Fabrizia e senza guardare il testo.

1. Francesco fa il fotografo.
2. È molto giovane, ma è veramente favoloso.
3. Livia, invece, studia all'università.
4. Fa la facoltà di farmacia.
5. È eccezionale, anche se non è facile.
6. Valerio invece fa il falegname, è un vero artista!
7. Filomena è professoressa.
8. Si è sposata con un francese, un avvocato famoso!
9. Viaggia molto, fa una vita interessante.
10. Sono una mamma veramente fortunata!

2. Trasformate le frasi secondo l'esempio.

È favoloso!
È vero, che è favoloso?

1. È felice!
2. È giovane!
3. È francese!
4. È famoso!

Conversazione

1. Lavorate in coppia (A e B). **A** legge una frase, **B** risponde con l'intonazione che corrisponde allo stato d'animo da lui scelto.

con interesse

senza interesse

A
1. È un fotografo veramente favoloso!
2. Studia all'università, è eccezionale!
3. Fa il falegname, è un vero artista!
4. Viaggia molto, fa una vita interessante!
5. Sono una mamma veramente fortunata!
6. Filomena vive in Francia.

B
a) Sì, davvero?
b) Ma va?
c) Veramente?
d) È vero?
e) Che fortuna!
f) Davvero?

Intervallo

1. Osservate il disegno, cercate in ogni stanza gli oggetti che contengono i suoni [f] e [v].

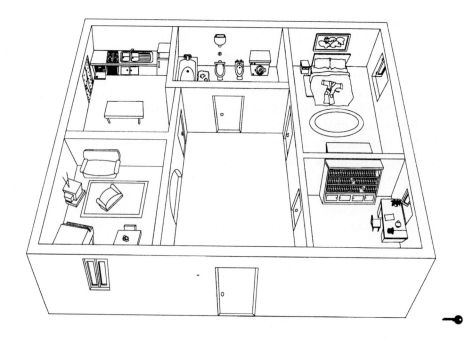

2. Lavorate in coppia (A e B). **A** pone le domande, **B** risponde usando le parole: *davanti, vicino, di fronte, dietro, su, fra.*

A: *Dov'è la finestra della camera?*
B: *È di fronte alla porta.*

3. Lavorate in coppia (A e B). **A** chiede dove si trova uno degli oggetti rappresentati nel disegno, **B** risponde ricordando a memoria.

A: *Dov'è il frigorifero?*
B: *(risponde senza guardare la figura).*

Pronuncia e grafia

1. Completate le parole con: 1: *f*, 2: *ff*, 3: *v*, 4: *vv*.

1. Che tra__ico in__ernale! Non si può __i__ere così.
2. Alla __ine è __enuto in __acanza con noi, è stata una decisione so__erta.
3. Tu, o___iamente, non pensi mai al tuo a___enire!
4. È stato un bell'a__are, ho comprato una la__atrice e un __rigori__ero a un ottimo prezzo.
5. Che a__entura! Ho perso la strada due __olte.
6. Siamo andati in so__itta a cercare le __ecchie __otogra__ie di mio __iglio.
7. L'a___ocato mi ha detto che è da__ero di__icile concludere il processo prima della fine dell'anno.
8. Ho certi ner__i, più uno ha __retta e più ti __anno perdere tempo.
9. Ho preso un forte ra__reddore, a casa mia è molto __reddo.
10. Mi dica per ___a___ore, ci __uole molto per arri__are a Ti__oli?

—o

29 [v b] valigia, bocca

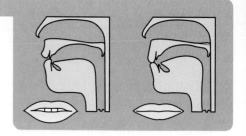

Per differenziare questi due suoni dovete controllare bene la posizione delle labbra.
Praticate [v] con l'unità 27.
Praticate [b] con l'unità 15.

Identificazione 🔊

1. Ascoltate le parole senza senso. Sentirete due parole per ogni numero (A e B). Scrivete una ✗ dove sentite [v] come in *valigia*.

	A	B
1.	☐	☐
2.	☐	☐
3.	☐	☐
4.	☐	☐
5.	☐	☐

2. Sentirete due parole per ogni numero (A e B). Scrivete una ✗ dove sentite [b] come in *bocca*.

	A	B
1.	☐	☐
2.	☐	☐
3.	☐	☐
4.	☐	☐
5.	☐	☐

3. Sentirete una parola per ogni numero. Scrivete (–) se sentite [v] e (+) se sentite [b].

1. ☐   2. ☐   3. ☐   4. ☐   5. ☐   ━●

Discriminazione 🔊

1. Sentirete due coppie di parole per ogni numero (A e B). Scrivete una ✗ dove sentite due parole uguali.

	A	B
1.	☐	☐
2.	☐	☐
3.	☐	☐
4.	☐	☐
5.	☐	☐

2. Sentirete due parole per ogni numero. Scrivete una ✗ dove sentite due parole uguali.

1. ☐   2. ☐   3. ☐   4. ☐   5. ☐

3. Sentirete una parola per ogni numero. Ogni parola contiene i suoni [v] e [b]. Se sentite prima [v] e poi [b] scrivete A. Se sentite prima [b] e poi [v] scrivete B.

Es.: *novembre* A

benvenuto B

1. ☐   2. ☐   3. ☐   4. ☐   5. ☐

4. Ascoltate. Queste sono parole che esistono in italiano. Sentirete tre parole per ogni numero (A, B e C). Segnate con una ✗ le due parole che hanno lo stesso suono.

	A	B	C
1.	☐	☐	☐
2.	☐	☐	☐
3.	☐	☐	☐
4.	☐	☐	☐
5.	☐	☐	☐

Imitazione

1. Ripetete le parole.

2. Ripetete le frasi senza guardare il testo.

1. Sabato è arrivato il divano.
2. Il vino è nel bicchiere.
3. Vorrei la benzina verde.
4. Lavora alla Borsa, è sempre senza voce.
5. Se il panino è vuoto, non è buono.

Dialogo

No, caro, in inverno è più bello!

1. Vasco e Barbara stanno parlando delle vacanze. Ascoltateli senza guardare il testo.

A me piacerebbe in primavera.
No, caro, in inverno è più bello!
Ma no, è freddo, piove sempre!
No, con la nebbia è un sogno.
5 In primavera, è più bella la natura!

> In inverno, quando tira il vento, è meraviglioso stare chiusi in casa!
> Ma dai, con il sole è splendido uscire e camminare nel bosco.
> Ma via, verso febbraio, quando nevica, è tutto bianco, è bellissimo.
> No, ma che dici? È più bello quando è tutto verde!
> 10 Senti, che ne dici di fare le vacanze separate?
> Sì, va bene. È una buona idea. Buon viaggio!

2. Prima di riascoltare leggete le seguenti domande:
   a. Quali sono le parole più in rilievo nella frase di Barbara (riga 2)?
   b. Com'è lo stato d'animo di Vasco (riga 11)?
   Riascoltate e leggete il dialogo in silenzio. Rispondete alle domande
   precedenti.

3. Riascoltate il dialogo, fermatevi dopo ogni battuta e ripetete.
   Barbara sogna di fare una vacanza in inverno.

4. Leggete il dialogo in coppia (A e B). A: Vasco, B: Barbara.

Accento di parola 🔲

1. Ripetete le frasi   *In inverno* è più bello.
   facendo attenzione
   alle parole in rilievo.   1. *In febbraio* è bellissimo.
                                  2. *Con la nebbia* è un sogno.
                                  3. *Con la neve* è meraviglioso.

Intonazione 🔲

1. Ripetete le frasi   *Che ne dici di fare le vacanze separate?*
   imitando Barbara.
                                  1. Che ne dici di partire quando è nuvoloso?
                                  2. Che ne dici di abbandonare l'idea?
                                  3. Che ne dici di lavorare sabato?

2. Ripetete le frasi   *Sì, va bene, è una buona idea!*
   con allegria.
                                  1. Sì, va bene, è davvero divertente!
                                  2. Sì, va bene, è davvero a buon mercato!
                                  3. Sì, va bene, è veramente bello!

Pausa 🔲

1. Trasformate le frasi facendo una pausa (//) prima di *perché*. Ascoltate l'esempio. La frase con la pausa ha un significato diverso da quella senza pausa.

Non è andato al lavoro perché pioveva. (Non è andato al lavoro)
Non è andato al lavoro, // perché pioveva.(È andato al lavoro)

1. Non piangeva perché era sola.
2. Non è venuta con me perché era arrabbiata.
3. Non è arrivata perché sapeva che era brutto tempo.
4. Non è venuto in autobus perché c'era la nebbia.

Conversazione

1. Lavorate in coppia (A e B). A dice una frase, B risponde secondo l'esempio.

A: *Sai, piove.*
B: *Se piove, non mi diverto.*

1. Sai, è molto nuvoloso.
2. Sai, nevica.
3. Sai, c'è vento.
4. Sai, fa brutto tempo.
5. Sai, c'è la nebbia.

2. Lavorate in coppia (A e B). **A** pone una domanda, **B** risponde.

A: *Quando arriva Vittorio?*
B: *Arriva il 9 novembre, sabato.*

A	B
1. Quando arriva Lavinia?	a) Il 19 febbraio, venerdì.
2. Quando arriva Valeria?	b) Il 20 dicembre, giovedì.
3. Quando arriva Beatrice?	c) Il 26 settembre, sabato.
4. Quando arriva Alberto?	d) Il 19 ottobre, venerdì.

Intervallo

Le parole in silenzio

1. L'insegnante mima una parola con la bocca (senza fare uscire la voce), gli studenti devono individuare quella che, secondo loro, è stata detta.

1. vincere, bilancia, veloce, fucile.
2. bruciare, valigia, fiducia, bracciale.
3. bravo, verde, frate, presto.

    4. vasca, banca, fango, pasta.
    5. vene, bene, vasetto, berretto.
    6. bollo, volo, birra, villa.
    7. vuoto, buono, vasta, basta.
    8. vere, bere, vendetta, ben detta.

2. Gli studenti, divisi in due gruppi, scelgono le parole che vogliono dire e le comunicano all'insegnante. Successivamente lo studente d'un gruppo pone il quesito agli studenti dell'altro.

Pronuncia e grafia

1. Leggete le parole e inseritele nelle frasi che seguono.

serve, va, vuole, abita, novità, bambino, vino, viene.

1. Bevi un bicchiere di _____ ?

2. Ben arrivato, come _____ ?

3. Ci _____ molto per arrivare a Bari?

4. Ci sono _____ per il mese di febbraio?

5. È vero che aspetti un _____ ?

6. A cosa _____ questa bottiglia?

7. Dove _____ Davide? In via Garibaldi?

8. Quanto _____ il biglietto?

2. Leggete le seguenti parole.

  1. ['bar]   2. ['baɲːɲo]   3. ['viːvere]   4. ['barːba] 5. [bibljoˈtɛːka]
  6. ['beːvi]   7. ['braːvo]   8. [bɛnveˈnuːto] 9. ['voːtʃe] 10. [valenˈtiːna]
11. ['alːba]   12. [viziˈtaːre] 13. ['viːva]

Ora inserite le parole, scritte in caratteri normali, nelle frasi che seguono.

1. Vieni a bere qualcosa al _____ , viene anche Valeria.

2. Ti dispiace, parlare a bassa _____ ? Ci sono i bambini che dormono.

3. Devo andare in _____ a vedere se c'è quel libro che cerco da tanto tempo.

4. Che _____ , ogni volta che comincia a parlare, mi viene sonno!

5. È un bell'appartamento, è luminoso, c'è un bel _____. È veramente comodo.

6. Non ti devi mica alzare all'_____ per venire con l'autobus!
Parte alle nove.

7. Voleva _____ i musei Vaticani, ma non aveva abbastanza tempo.

8. Ben arrivato, _____ qualcosa? Un bitter, una birra, o un vino
bianco?

9. Il vestito non era per _____, lei l'ha provato per vedere se le
piaceva.

10. È andata a _____ con Vasco, ma non si trova bene con lui.

11. È stato veramente molto bello: quando sono arrivato/a, sono tutti venuti a
darmi il _____.

12. _____ (W) l'Inter! Abbasso (M) il Milan!

13. _____! Oggi hai studiato, così va bene!   ━●

3. Completate le parole con 1: *v*, 2: *vv*, 3: *b*, 4: *bb*.

1. Livia do__re__e fare più mo__imento, quello che fa non è
a__astanza.

2. Che cos'è un al__eare?
È la casa do__e __i__ono le api.

3. È ro__a da matti arri__a sempre nel momento s__agliato.

4. È pro__a__ile che __ada a __i__ere in __ia Quattro No__em__re,
proprio da__anti alla __anca Nazionale del La__oro.

5. Che ner__i! Il mio __icino di casa si alza ogni mattina all'al__a e
mi s__eglia.

6. È un __ell'al__ergo ma sporco, è pieno di pol__ere.

7. Ti a__erto, lì non c'è acqua pota__ile in a__ondanza. È o__io
che de__i fare attenzione.

8. Ho __isogno di una la__asto__iglie nuo__a, la mia non funziona
più __ene e non ho __oglia di la__are sempre i piatti.   ━●

189

Pubblicità ▱

1.

a. Ascoltate l'annuncio senza guardare il testo.

b. Riascoltate guardando il testo.

c. Riascoltate e scrivete le parole che mancano. Se necessario riascoltate per finire di completare.

> *Si va in crociera, si va in crociera, hai messo in _____ le pinne?*
> *Sì, ma non trovo né il prendisole, né l'_____ da sera.*
> *È qui. E le tute da jogging?*
> *Sono già dentro, c'è tutto.*
> 5 *E i miei _____?*
> *Ci sono, ci sono, andiamo!*
> *OK, non dimentichiamo niente.*
> *Mamma, papà.*
> *Non _____ che in una crociera Costa nel Mediterraneo, i ragazzi fino*
> 10 *a 18 anni possono _____ gratis.*
> *Costa Crociere, _____ per divertirvi. Chiedete alla vostra agenzia*
> *di _____.*

d. Controllate le parole nelle chiavi. ⚷

e. Lavorate in quattro (A, B, C e D). **A** e **B** leggono il breve dialogo (A: il marito, B: la moglie, C: i bambini). **D** legge dalla riga 9.

2.

a. Ascoltate senza guardare il testo.

b. Riascoltate guardando il testo.

c. Riascoltate e scrivete le parole che mancano. Se necessario, riascoltate per finire di completare.

> *Ciao!*
> *Ah, ciao vieni in camera! Sto finendo di _____.*
> *Ah, hai comprato un letto _____.*

No, è sempre lo stesso. È l'originale Flou, ho cambiato solo il
5 _____ *e con meno di ottocentomila lire.*
Mah, questo originale Flou ha tanti _____ *di* _____?
Tantissimi, io ne ho comperati altri due.
E non hai un catalogo da farmi vedere?
Telefona al Numero _____, *te lo manderanno subito.*
10 *Telefonate all'167829070,* _____ *subito il catalogo. Flou la cultura del dormire.*

d. Controllate le parole nelle chiavi. ⚯

e. Lavorate in tre (A, B e C). **A** e **B** leggono il breve dialogo (A: la 1ª donna, B: la 2ª donna, C: l'uomo).

s, S [s] sole

Per pronunciare questo suono portate la punta della lingua vicino ai denti inferiori. Fate uscire l'aria dalla bocca e pronunciate [s] a lungo [sssss]. L'aria passa per un canale stretto (nella figura c'è una linea che lo indica), la lingua non è piatta. Le corde vocali non vibrano.

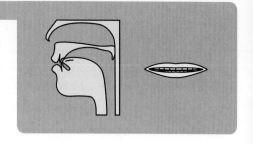

Imitazione

1. Ascoltate le parole guardando le figure.

2. Riascoltate. Fermate la cassetta dopo ogni parola e ripetete in silenzio.

3. Riascoltate le parole e ripetete a voce alta.

4. Ripetete le frasi senza guardare il testo.

1. Signora, è sua la sedia?
2. Signora, è sua la borsa?
3. Signora, è sua la scatola?
4. Signora, è suo lo specchio?
5. Signora, è suo il passaporto?
6. Signora, è suo il casco?

5. Riascoltate
le domande
e rispondete
secondo
l'esempio.

Signora, è sua la sedia?
No, è la sua.
Signore, è suo lo specchio?
No, è il suo.

1. È sua la borsa?
2. È sua la scatola?
3. È suo il passaporto?
4. È suo il casco?

Dialogo 🔲 **Porta sfortuna!**

1. Alessandro
e Stefania
sono fidanzati.
Ascoltateli
senza guardare
il testo.

Bene, domani si parte!
Domani?! Forse è meglio di no.
E perché no?
Preferisco un altro giorno, non domani.
5 Venerdì scorso no, martedì nemmeno, domani
no, questo non ha senso!
Non ha senso partire! Sono sicurissima che è
meglio aspettare.
Ma perché? Che cosa c'è questa volta?
10 Pensa che giorno è domani.
Mah, non lo so. Ah, sì, è il 17, e allora?
Allora?! Ma, porta sfortuna!
Ma no, tu credi... no, non è possibile!!

2. Prima di riascoltare leggete le seguenti domande:
a. Qual è la parola più in rilievo nella frase di Alessandro (riga 1)?
b. Perché Alessandro fa una pausa dopo *"tu credi"* (riga 13)?
Riascoltate e leggete il dialogo in silenzio. Rispondete alle domande precedenti.

3. Riascoltate il dialogo, fermatevi dopo ogni battuta e ripetete.

4. Leggete il dialogo in coppia (A e B). A: Alessandro, B: Stefania.

Accento di parola 🔲

1. Ripetete le frasi
facendo attenzione
alle parole
in rilievo.

*Bene, **domani** si parte!*

1. Bene, *sabato* si parte!
2. Bene, la *settimana prossima* si parte!
3. Bene, *stasera* si parte!

Intonazione 🔲

1. Ripetete le frasi imitando l'intonazione di Alessandro e facendo le pause (//).

Ma no, // tu credi // no, non è possibile!

1. Ma no, tu pensi // no, non è possibile!
2. Ma no, tu aspetti // no, non è possibile!
3. Ma no, tu non parti // no, non è possibile!

Enfasi 🔲

1. Ascoltate le seguenti situazioni comunicative e indicate qual è la risposta giusta.

1. Mi trovo alla stazione e dico a Sara che sto aspettando mia sorella. Sara mi fa una domanda e io le dico: *"Sto aspettando **mia** sorella."* Che cosa mi ha domandato Sara?

a) Aspetti la sorella di Sandro?
b) Esci con tua sorella?
c) Aspetti tua madre?

2. Parlo con mia madre e dico che mio marito arriva la prossima settimana. Mia madre mi fa una domanda e io ripeto: *"**Arriva** la prossima settimana."* Che cosa mi ha chiesto mia madre?

a) Quando arriva tuo marito?
b) Tuo marito parte la prossima settimana?
c) Tuo marito arriva la prossima domenica?

3. Parlo con mia sorella e dico che ho spedito una lettera a Massimo. Mia sorella mi fa una domanda e io ripeto: *"Ho spedito una **lettera** a Massimo"*. Che cosa mi ha chiesto mia sorella?

a) Hai spedito molte lettere a Massimo?
b) Hai spedito una cartolina a Massimo?
c) A chi hai spedito la lettera?

2. Lavorate in coppia (A e B). Esercitatevi a cambiare le frasi e a trovare le domande corrispondenti.

A
Mi trovo alla stazione e dico a Sara che sto aspettando mia sorella.
Sara mi fa una domanda e io le dico *"No, sto aspettando mia **sorella**."*
Che cosa mi ha domandato Sara?

B
a) Aspetti la sorella di Sandro?
b) Esci con tua sorella?
c) Aspetti tua madre?

Ora **A** legge la domanda e **B** risponde in modo appropriato.

Suoni e grammatica

1. Trasformate
dall'aggettivo
al superlativo.

sicura	*sicurissima*	bello	*bellissimo*
calda		alto	
contenta		serio	
stanca		brutto	

2. Formate
l'opposto
delle parole
aggiungendo
il prefisso *s-*.

fortuna   *sfortuna*

comodo
conosciuto
contento
caricare
consigliare

3. Formate
il participio
passato
dei verbi.

perdere   *perso*
correre
mettere
succedere

Conversazione

1. Lavorate in coppia (A e B). **A** dice una frase. **B** risponde sorpreso/a come nell'esempio. Prima di cominciare riascoltate le prime due battute del dialogo.

A: *Bene, domani si parte.*
B: *Domani!? Forse è meglio di no.*

A
1. Sabato si parte.
2. La settimana prossima si parte.
3. A settembre si parte.
4. Quest'estate si parte.
5. Stasera si parte.

2. Lavorate in coppia (A e B). **A** pone la domanda, **B** sceglie la risposta adeguata.

A: *Pensi di partire?*
B: *Sì, se posso.*

A	**B**
1. Pensi di giocare a tennis, stasera?	a. Può darsi.
2. Pensi di prendere il sole, in montagna?	b. Non so.
3. Pensi di uscire a fare una passeggiata?	c. No, non ha senso.
4. Pensi di andare a pesca da solo?	d. Forse, chissà.
5. Pensi di suonare la chitarra alla festa?	e. Sì, se sarò ispirato/a.

Lettura

Che cosa porta sfortuna in Italia?

Rompere uno specchio.
Il numero 17.
Passare sotto una scala.
Un gatto nero che attraversa la strada.
Essere in 13 a tavola.
Partire di martedì e venerdì.

Pronuncia e grafia

Il suono [s] si scrive *s* e *ss* quando è lungo [ss]:
scatola, sale, cassa, passo.

1. Leggete le seguenti parole.

1. [s'pesːso]   2. ['sɛmːpre] 3. [in'somːma] 4. [in'sjɛːme]   5. [s'korːso]
6. [pwɔd'darːsi] 7. ['forːse]   8. [non'sɔ]   9. ['prɛsːto]   10. [di'sɔːlito]

Ora scrivete le parole in caratteri normali e inseritele nelle seguenti frasi.

1. _____ se posso venire a pesca, devo aspettare mia sorella.

2. Pensi di venire _____ a noi?

3. _____, quando mi rendi la cassetta che ti ho prestato?

4. Vai a fare una settimana bianca, come l'anno _____?
   Sì, ma quest'anno in bassa stagione.

5. _____ Simona non ha saputo che oggi era festa.

6. Se arriviamo _____ si entra gratis, lo sai no, che non si paga prima delle sette?

7. _____ che Silvia non sappia come è successo, devi chiamarla subito.

8. _____ dopo aver fatto ginnastica esco, ma stasera non ce la faccio.

9. Perché hai _____ sonno dopo mangiato?

10. _____ arrivo in ritardo, è per questo che non mi aspetta più.

2. Completate con: *passa (3), passarmi, passi, passo, passata, passato (2), passati.*

1. Non sono ancora _____ dieci minuti, stai calma!

2. A che ora _____ il prossimo autobus?

3. Hai ancora mal di stomaco? No, è _____ .

4. Ah, come _____ velocemente il tempo!

5. Ti dispiace _____ il sale?

6. Devi perdonarmi, ma mi è proprio _____ di mente.

7. Ciao Stefano, come te la _____ ?

8. Sta attento, di qui non si _____ .

9. T'è _____ la paura?

10. Pronto, sono Sandro, c'è Sara per piacere?
    Sì, ora te la _____ .

3. Dividete in sillabe e leggete.

[miˌsonospekˈkjaːto] (Il segno [ˌ] indica l'accento secondario semiforte)

[mi - ˌso - nos - pek - ˈkja - to]

1. [ɔspeˈdiːtoleˈletːtere]   2. [ˌvadoasˈkwɔːlaˈprɛsːto]

3. [ˌsonostraˈnjɛːra]   4. [ɔpˈpɛrːsounasˈkaːtola]

4. Leggete le seguenti frasi.

1. È scomparso sabato scorso.
2. Stamattina è arrivato un espresso.
3. L'anno scorso ho avuto sfortuna.
4. Il posto era davvero sporco.
5. Sono proprio stupido/a a sprecare il mio tempo.
6. È stato uno spettacolo stupendo.

Intervallo

1. Un gruppo di studenti (A) mette in ordine le parole delle frasi a sinistra, mettendo la punteggiatura. Un gruppo di studenti (B) mette in ordine le parole delle frasi a destra, mettendo la punteggiatura. Uno studente del gruppo A legge una frase di sinistra, uno studente del gruppo B risponde. Domande e risposte sono sulla stessa riga.

1. pagare con posso assegno un?	a) accettare solo possiamo no contanti.
2. necessario avere passaporto è il ?	b) vuoi sì se in andare Messico.
3. perso ho mio il rosso rossetto.	c) scrivania qui è cassetto nel della.
4. passare rosso il con posso?	d) errore un grosso faresti no.
5. abbassa capito la radio?	e) allora a parla voce tu bassa.
6. a fare quattro andiamo passi?	f) non interrompere no lo studio adesso posso.
7. abiti nella strada stessa Alessio di?	g) pochi l'uno a ma no stiamo passi dall'altra.
8. arrivato professore è il?	h) già classe è sì in.
9. troppo hai bassa pressione la?	i) controllo la non chissà mai.
10. fatto progressi hai con l'italiano vero?	l) presso famiglia una sì abito da quando.

31

s, S [z] **sveglia**

Per pronunciare questo suono portate la punta della lingua vicino ai denti inferiori come per [s]. Fate uscire l'aria dalla bocca e pronunciate [z] a lungo [zzzzz]. L'aria passa per un canale stretto (nella figura c'è una linea che lo indica), la lingua non è piatta. Le corde vocali devono vibrare.

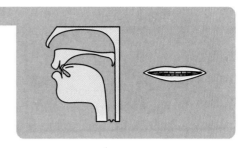

Imitazione 📼

1. Ascoltate le parole guardando le figure.

2. Riascoltate. Fermate la cassetta dopo ogni parola e ripetete in silenzio.

3. Riascoltate le parole e ripetete a voce alta.

Dialogo 📼   **Tu, hai paura dei fantasmi?**

1. Tommaso è a casa di Rosa. Sono vicini di casa. Ascoltateli senza guardare il testo.

Tu, hai paura dei fantasmi?
Fantasmi?! Ma che dici?
Esatto, proprio i fantasmi!
Tu usi troppo la fantasia, eh?
5 No, ti sbagli, perché vengono a farmi visita quasi ogni notte.
Tu mangi troppo... e smetti di muovere il tavolo!
Ma non lo muovo io!
Bene! È tardi... ho bisogno di andare a dormire,
10 ciao e... buona notte!

2. Prima di riascoltare leggete le seguenti domande:

a. Quale parola usa Tommaso per rinforzare la sua affermazione (riga 4)? Secondo voi, Tommaso si aspetta come risposta un *no* o un *sì*? Questo è un modo colloquiale o formale?

b. Qual è lo stato d'animo di Tommaso alla riga 9?

Riascoltate e leggete il dialogo in silenzio. Rispondete alle domande precedenti.

3. Riascoltate il dialogo, fermatevi dopo ogni battuta e ripetete.

4. Leggete il dialogo in coppia (A e B). A: Tommaso, B: Rosa.

Intonazione

1. Ripetete le frasi controllando l'intonazione.

Hai paura dei fantasmi?

1. Usi molto la fantasia?
2. Ti svegli ogni notte?
3. Hai bisogno di una sveglia?

2. Ripetete le frasi controllando l'intonazione.

Tu usi troppo la fantasia, eh?

1. Tu hai bisogno di dormire, eh?
2. Ti hai bisogno di riposarti, eh?
3. Tu ti sbagli, eh?

3. Trasformate le frasi secondo l'esempio.

Ho paura dei fantasmi, e tu?
Anch'io ho paura dei fantasmi.

1. Ho molta fantasia, e tu?
2. Mi sveglio ogni notte, e tu ?
3. Non mi riposo mai, e tu?

Accento di parola

1. Ripetete le frasi facendo attenzione alla parola in rilievo.

Smetti *di muovere il tavolo!*

1. *Smetti* di sbattere la porta!
2. *Smetti* di ridere!
3. *Smetti* di sbadigliare!

Suoni e grammatica

1. Trasformate   Norvegia   *norvegese*
                         Svezia
                         Islanda
                         Giappone
                         Cina
                         Portogallo
                         Francia
                         Olanda

2. Trasformate   decidere   *decisione*
   dal verbo   dividere
   al nome.   invadere
                         confondere

3. Formate   scendere   *sceso*
   il participio   rendere
   passato.   prendere
                         ridere   *riso*
                         decidere

Pronuncia e grafia

Il suono [z] si scrive *s*:

sbaglio, rosa, smettere.

Questo suono, in italiano, non è mai lungo.

Nella pronuncia tradizionale la *s* tra vocali può essere sonora come in ['rɔːza] e non-sonora come in ['kaːsa]. Nella pronuncia moderna la *s* tra vocali è sonora ['rɔːza] e ['kaːza], meno che nelle parole composte come [sta'seːra] o [risa'liːre] in cui la *s* è non-sonora.

1. ▣ Ascoltate e scrivete le parole senza senso.

1. _____ 2. _____ 3._____ 4. _____

5. _____ 6._____ 7._____ 8._____

201

2. Leggete le seguenti parole.

1. [z'dra:ja]   2. [z'nɛl:la]   3. [mu'zɛ:o]   4. ['ka:zo]

5. ['mu:zika]   6. ['pa:uza]   7. [fanta'zi:a]   8. [traz'met:tono]

9. [fa'mo:zo]   10. [u'za:re]   11. [z'vɛl:ta]   12. [de'tʃi:zo]

13. [ri'pɔ:zo]

Ora scrivete le parole in caratteri normali e inseritele nelle frasi.

1. Facciamo una _____? Lavoriamo da almeno otto ore.
2. Qual è Svetlana?
   È la ragazza _____ che è davanti alla porta del _____.
3. Ti ricordi per _____ il nome di quel _____ attore
   francese?
4. Ho _____ di andare al mare, ho bisogno di _____,
   mi porterò una _____ e tante cose da leggere.
5. Alla radio non _____ quasi mai _____ lirica.
6. Non devi _____ le mie cose. Hai capito?!
7. Corri! _____! C'è tuo marito al telefono.
8. Perché non usi un po' la _____, tutto diventerà più bello.

—●

3. Leggete le seguenti frasi.

1. È un ragazzo sgarbato, non mi piace.
2. Hai sviluppato le foto che abbiamo fatto in Svizzera?
3. Perché mi sgridi ogni volta che sbaglio?
4. Che uomo sgradevole! Dove l'hai conosciuto?
5. È tardi, svegliati! Dobbiamo uscire, sbrigati!
6. Viene dalla Slovenia non dalla Slovacchia.

32

[s z] sole, sveglia

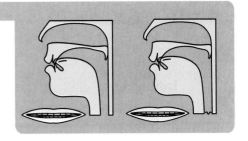

Per differenziare questi due suoni dovete controllare le corde vocali. Chiudete le orecchie con le mani e dite [s]. Fate la stessa cosa con [z], mentre l'aria esce dalla bocca dovete sentire la vibrazione delle corde vocali. Dite [sz sz sz]. Se non sentite la differenza, fate gli esercizi sulla sonorità a pag. 90.

Discriminazione

1. Sentirete una parola per ogni numero. Scrivete (–) se sentite [s] come in *sole* e (+) se sentite [z] come in *sveglia*.

1. ☐   2. ☐   3. ☐   4. ☐
5. ☐   6. ☐   7. ☐   8. ☐
9. ☐   10. ☐   11. ☐   12. ☐

| **Dialogo** | | **Tesoro, usa quella parola il meno possibile!** |

1. Ascoltate Francesco mentre parla con sua madre. Non guardate il testo.

    Stamattina l'insegnante di fisica s'è arrabbiato, perché facevamo troppo casino.
    Tesoro, usa quella parola il meno possibile!
    Uffa, mamma! Beh, insomma, c'era una
5 confusione incredibile e non riusciva nemmeno a parlare.
    E allora, che cosa è successo?
    Non me l'aspettavo! Ha fatto un casino.
    Sss, Francesco!
10 Sì, ha iniziato a strillare, ha sbattuto i libri sul tavolo e poi è uscito dalla classe.
    E allora? Siete rimasti soli, senza insegnante?
    Sì, e ci siamo divertiti un casino.
    Francesco, insomma, sei insopportabile!
15 Ah, scusa, ma è stato un casino bello... cioè, molto bello.

2. Prima di riascoltare leggete le seguenti domande:
a. Quali sono le parole più in rilievo alla riga 14?
b. Sapete ricavare i diversi significati che la parola casino ha in questo dialogo?
Questa parola è molto usata nell'italiano parlato colloquiale.

➠ Non può essere, però, usata in tutte le situazioni comunicative.

3. Leggete il dialogo in coppia (A e B). A: Francesco, B: la madre.

Intonazione

1. Ripetete le frasi.   *Tesoro, usa quella parola il meno possibile!*

1. Tesoro, cerca di sbadigliare il meno possibile!
2. Tesoro, studia il più possibile!
3. Tesoro, fa' sport il più possibile!

2. Ripetete le frasi.   *Sss, ho sonno!*

1. Sss, smetti di parlare!
2. Sss, è un segreto!
3. Sss, spegni la radio!

Accento di parola

1. Ripetete le frasi facendo attenzione alle parole in rilievo.

*Francesco, **insomma**, sei **insopportabile**!*

1. Massimo, *insomma*, non *sbattere* la porta!
2. Alessia, *insomma*, sono *stanca morta*!
3. Ines, *insomma*, non *esagerare*!

Suoni e vocabolario

1. Cercate una parola in B che sia l'opposto di A. Uno studente dice una parola, un altro studente ne dice una di significato opposto.

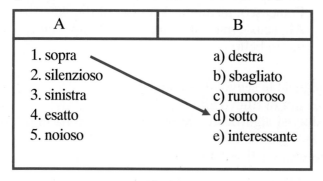

A	B
1. sopra	a) destra
2. silenzioso	b) sbagliato
3. sinistra	c) rumoroso
4. esatto	d) sotto
5. noioso	e) interessante

2. Lavorate in coppia (A e B). **A** legge una domanda, **B** risponde secondo l'esempio.

A: *La casa è a sinistra?*   **B:** *No, non è a sinistra, è a destra.*

1. Il piatto è sopra il tavolo?
2. È un posto silenzioso?
3. Quello che dice è sbagliato?
4. È un libro noioso?

Intervallo

1. Qual è la parola che non ha lo stesso suono delle altre tre?

1. sbarra, sociale, gas, fuoriserie.
2. milanese, penso, svogliato, asma.
3. biscotto, girasole, gesso, usare.
4. affittasi, orso, grosso, reso.
5. ultrasuoni, fantasia, sonoro, ascoltare.
6. miseria, aspettare, rosa, base.
7. caso, corso, psicologo, risalire.
8. reso, spesso, perso, cassa.
9. basse, base, stesso, forse.
10. rosmarino, sale, misurare, svendita.

Pronuncia e grafia

I suoni [s] e [z] si scrivono *s*.

1. Leggete e analizzate le parole. Sapete dire quando si pronuncia [s] o [z] in italiano?

[s]	[z]
scatola	sguardo
spendere	sradicare
pasta	sbaglio
asfalto	sveglia
basso	smettere
sono	snob
autobus	sdraia
corso	sleale
risalire	usare

2. Completate le frasi con le seguenti parole.

smetti, deciso, insensibile, sbrìgati, scolato, rosso, assolutamente, fossi, stomaco, superstizioso.

1. Vuoi un consiglio? _____ di fumare!
2. Hai _____ la pasta? Il sugo è già pronto.
3. Sei un _____ se non firmi contro la vivisezione degli animali.
4. Devi _____ dare l'esame.
5. Non puoi passare con il _____!
   Scusa sono distratto/a.
6. _____! Sono stufo/a di arrivare sempre in ritardo!
7. Se tu _____ depresso come dici, non andresti tutte le sere in discoteca.
8. Che tesoro che sei! Hai _____ di rimanere qui con me!
9. Da quando sono così nervoso/a ho sempre mal di _____.
10. Ma è vero che non esci, perché oggi è venerdì diciassette? Come puoi essere così _____?!

3. Completate le parole con *s* o *ss* e leggete le frasi.

1. Ho un sogno nel ca____etto: aprire un agrituri___mo.
2. Hai ascoltato la ca____etta che ti ho prestato? È la ste___a che abbiamo sentito alla festa di Su___anna.
3. È molto timido e arro___isce molto spe___o.
4. Dove hai me____o i miei documenti?
   In ba___o, vicino alla scrivania.
5. Vive in una ca____etta splendida, piccola ma con un bel giardino.
6. Ieri in autostrada mi ha sorpa___ato una Ferrari ro___a, chi___à a quanto andava?!
7. Se vuoi lo sconto prima devi parlare con il comme___o, poi andare alla ca___a.
8. Ero co___ì ansio___o/a di vederlo che quando l'ho incontrato mi sono commo___o/a.

33

sc, Sc (i, e) [ʃ] pesce

Per pronunciare questo suono avvicinate il dorso della lingua al palato toccando i lati. La punta della lingua è verso il basso. Fate uscire l'aria dalla bocca e pronunciate [ʃ] a lungo [ʃʃʃʃʃ]. L'aria passa per un canale stretto (nella figura c'è una linea che lo indica). La lingua non è piatta. Controllate le labbra, sono in avanti. Le corde vocali non vibrano.

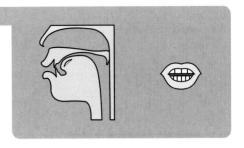

Imitazione

1. Ascoltate le parole guardando le figure.

2. Riascoltate. Fermate la cassetta dopo ogni parola e ripetete in silenzio.

3. Riascoltate le parole e ripetete a voce alta.

Dialogo	**Preferisci sciare o andare in piscina?**

1. Natascia è a casa del suo amico Nicola. Ascoltateli senza guardare il testo.

     Così, oggi, sei andato a sciare?
Sì.
Preferisci sciare o andare in piscina?
Sciare.
5   Ma non hai paura?
No, e scendo come un razzo.
Davvero?!
Sì, e scelgo solo piste nere.
Hmhm, non cadi mai?
10 Non dire sciocchezze, io scio molto bene!
Come mai, stasera, sei seduto su un cuscino?!

207

2. Prima di riascoltare leggete le seguenti domande:
a. Com'è Nicola (riga 10)? Sicuro di sé?
b. Che cosa esprime Natascia (riga 11) con questa intonazione?
Riascoltate e leggete il dialogo in silenzio. Rispondete alle domande.

3. Riascoltate il dialogo, fermatevi dopo ogni battuta e ripetete.

4. Leggete il dialogo in coppia (A e B). A: Natascia, B: Nicola.

Intonazione 🔲

1. Ripetete le frasi imitando l'intonazione di Nicola. Si dà un po' di arie.

Non dire sciocchezze, io scio molto bene!

1. Non dire sciocchezze, io vado spesso in piscina.
2. Non dire sciocchezze, io non ho smesso di sciare.
3. Non dire sciocchezze, io non prendo mai l'ascensore.

2. Ripetete le frasi imitando l'intonazione di Natascia.

Come mai, sei seduto su un cuscino?

1. Come mai, non vai più in piscina?
2. Come mai, hai smesso di sciare?
3. Come mai, prendi l'ascensore?

3. Leggete le frasi aggiungendo ogni volta un nuovo elemento.
Nicola ha portato (gli sci, la fascia, la sciarpa).

Nicola ha portato gli sci.
Nicola ha portato gli sci e la fascia.
Nicola ha portato gli sci, la fascia e la sciarpa.

1. Natascia finisce (di studiare, esce, va a sciare.)
2. Scila va (in piscina, asciuga i capelli, scende di corsa.)
3. Massimo (è uscito, è scivolato, non riesce più a camminare.)

Suoni e grammatica

1. Trasformate le frasi.

Io preferisco sciare, e Natascia?
Anche Natascia preferisce sciare!

1. Io finisco di studiare, e Natascia?
2. Io esco con Nicola, e Natascia?
3. Io riesco a parlare il russo, e Natascia?
4. Io conosco i romanzi di Sciascia, e Natascia?
5. Io capisco bene il tedesco, e Natascia?

2. Trasformate le frasi.

Devo uscire.
Lascia stare, non uscire!

1. Devo scendere.
2. Devo asciugare i piatti.
3. Devo studiare scienze.

Conversazione

1. Lavorate in coppia (A e B). **A** pone la domanda, **B** dà la risposta che preferisce.

A: *Preferisci sciare o andare in piscina?*
B: *Sciare.*

1. Preferisci la sciarpa o la fascia?
2. Preferisci scendere a piedi o prendere l'ascensore?
3. Preferisci uscire o conoscere Natascia?
4. Preferisci asciugare i capelli o uscire di corsa?
5. Preferisci il pesce o il prosciutto?

Intervallo

1. Lavorate in coppia (A e B). **A** dice una delle parole elencate, **B** dice le parole che, secondo lui, hanno attinenza con quella detta da A.

A: *scale*
B: *scendere, ascensore.*

A	B	
bambino	sciare	asciugamano
lavoro	**scendere**	piscina
acqua	asciutto	**ascensore**
amore	sciopero	crescere
neve	scientifico	nascere
letto	scegliere	sciogliere
scale	lasciare	pesce
capelli	lisci	cuscino

Pronuncia e grafia

Il suono [ʃ] si scrive *sc*, è sempre seguìto dalle vocali *e* o *i*:
pesce, piscina, sciarpa, asciutto, lascio.

➠ Ricordate! Quando scriviamo *sc* seguito da *a, o, u, he, hi* il suono è [sk]:
scarpa, ascolta, scuola, schema, schifo.

Il suono [ʃ], in italiano, è sempre lungo tra vocali:
[piʃ'ʃiːna]   ['peʃːʃe]   [*ʃi]

* indica la maggiore lunghezza del suono iniziale di una parola, quando è preceduto da un'altra parola terminante in vocale [loʃ'ʃi].

1. Leggete le seguenti parole e scrivetele in caratteri normali.

1. [fi'niʃːʃi] _____   2. [pu'liʃːʃi] _____
3. ['εʃːʃi] _____   4. [prefe'riʃːʃi] _____
5. [laʃ'ʃaːre] _____   6. [aʃʃu'gaːre] _____

[ʃe] e [ʃε] in alcune parole si scrivono *sce*:
scendere, conoscenza.

in altre *scie*:
scienza, scienziato, scientifico, cosciente, incosciente, coscienza.

A una diversa scrittura corrisponde lo stesso suono: [*'ʃεːna] [*ʃen'tiːfiko].

Quindi nella maggior parte delle parole che contengono il suono [ʃ], la *i* seguita da vocale non si sente.

➠ Fanno eccezione: *sciare* [*ʃi'aːre], *sciatore* [*ʃia'toːre] in cui è necessario pronunciare la [i], che in *io scio* [ioʃ'ʃiːo] è accentata.

2. Completate le frasi con le parole che seguono.

sciare, scienze, incosciente, scientifico, sciopero, scioglie, asciugamani, scemo, scimpanzè, cuscini, scivolato, lisci, conoscenza.

1. Non si può _____ bene quando la neve si _____.
2. Sono contento/a di aver fatto la sua _____.
3. Sei un _____, perché continui a fumare davanti a tuo figlio?
4. Se riesci a partire stasera per Brescia è meglio, domani c'è lo _____ dei treni.

5. Ho scelto di frequentare l'indirizzo _____ perché posso studiare matematica, fisica, chimica e _____ naturali.

6. Lo _____ è un animale intelligente, può provare emozioni e sentimenti.

7. Ricòrdati di prendere gli _____ e i _____! Mancano nell'appartamento dove andiamo.

8. Preferisco i capelli _____, sono sempre in ordine.

9. Mi ha dato uno schiaffo, sono _____/a e mi sono fatto/a male a una coscia.

10. Qualche volta sei proprio _____, fai degli scherzi così stupidi.

—•

34

Per pronunciare questo suono toccate la parte compresa tra gli alveoli e il palato con la parte anteriore della lingua. La punta della lingua è verso il basso. Staccate la lingua, fate uscire l'aria dalla bocca e pronunciate [tʃ]. Controllate le labbra, sono in avanti. Le corde vocali non vibrano.

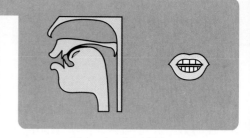

Imitazione

1. Ascoltate le parole guardando le figure.

2. Riascoltate. Fermate la cassetta dopo ogni parola e ripetete in silenzio.

3. Riascoltate le parole e ripetete a voce alta.

Dialogo   È un sacrificio troppo grande!

1. Alice è andata a trovare la sua amica Luciana a casa. Ascoltatele senza guardare il testo.

Alice, che ne dici di una tazza di cioccolata?
No, grazie.
Un cioccolatino, un'aranciata?
No, davvero.
5   Ma non accetti niente?
Luciana, mi dispiace, ma ho deciso di fare la dieta.
Mah, beata te! Ce la fai?

Ci provo. Il cappuccino, adesso, lo prendo senza zucchero.
Hai eliminato tutti i dolci?

10 Sì, specialmente quelli al cioccolato.
Io c'ho provato, ma non ci riesco.
Comincia con il cioccolato.
No, per me è un sacrificio troppo grande.

2. Prima di riascoltare leggete le seguenti domande:
a. Com'è la tonalità di tutta la frase (riga 1)? Che cosa esprime?
b. Com'è la tonalità di Alice quando rifiuta le offerte di Luciana (riga 6)?
Riascoltate e leggete il dialogo in silenzio. Rispondete alle domande precedenti.

3. Riascoltate il dialogo, fermatevi dopo ogni battuta e ripetete.

4. Leggete il dialogo in coppia (A e B). A: Luciana, B: Alice.

Intonazione 📼

1. Ripetete le frasi
imitando Luciana.

Alice, che ne dici di una tazza di cioccolata?

1. Lucio, che ne dici di un dolcetto?
2. Marcello, che ne dici di un'aranciata?
3. Beatrice, che ne dici di cenare con noi?

2. Ripetete le frasi
imitando Alice.
Le dispiace
dover rifiutare.

Mi dispiace, ma ho deciso di fare la dieta.

1. Mi dispiace, ma ho deciso di rinunciare alla dieta.
2. Mi dispiace, ma ho deciso di non partecipare alla cena.
3. Mi dispiace, ma ho deciso di non accettare l'invito.

3. Ripetete le frasi.

Non accetti niente?

1. Non cucini mai?
2. Non cominci mai?
3. Non partecipi mai?

Suoni e grammatica

1. Trasformate
dal singolare
al plurale.

amico   *amici*

nemico
simpatico
antipatico
austriaco
greco
asiatico
pratico

2. Rendete
l'espressione
con una sola
parola.

Che ragazzo cattivo!   *Che ragazzaccio!*

Che carattere brutto!
Che tempo brutto!
Che strada brutta!
Che brutta figura!   ━●

Conversazione

1. Lavorate in coppia (A e B). **A** pone una domanda, **B** risponde scegliendo tra le situazioni elencate.

A		B

Cos'è semplice   per te?
  difficile
  facile
  piacevole
  necessario
  speciale
		1. Ricevere regali.
		2. Rinunciare ai dolci.
		3. Cucinare per gli amici.
		4. Pronunciare bene l'italiano.
		5. Accendere un fuoco nel bosco.
		6. Andare a tutta velocità con la motocicletta.
		7. Andare in ufficio quando non c'è nessuno.
		8. Ricevere un bacio sotto un cielo stellato.
		9. Vincere alla lotteria.
		10. Avere successo.
		11. Fare una doccia calda.
		12. Arrivare in anticipo agli appuntamenti.
		13. Cucinare cibi macrobiotici.

Accento - Parole di tre sillabe

1. Leggete le parole in silenzio e dividete quelle che hanno lo stesso accento di *facile* ●•• da quelle che hanno l'accento di *felice* •●•

forbici, semplice, celibe, arancia, decina, indice, capace, bilancia, aceto, pollice, celebre, celeste, cestino, fucile, cellula, cenere, vivace, cervello, codice, docile, acido, salsiccia.

● • • 'fa- tʃi- le	• ● • fe- 'li- tʃe
forbici	
	⚷

2. Leggete le parole facendo attenzione alla posizione dell'accento.

Pronuncia e grafia

1. 🔲 Ascoltate le parole senza senso. Sentirete due parole per ogni numero. Scrivete una ✗ quando il suono è lungo [tʃtʃ].

      A   B
   1. ☐   ☐
   2. ☐   ☐
   3. ☐   ☐
   4. ☐   ☐
   5. ☐   ☐

2. Sentirete una parola per ogni numero. Scrivete una ✗ dove sentite il suono lungo [tʃtʃ].

   1. ☐   2. ☐   3. ☐   4. ☐   5. ☐

3. Sentirete tre parole per ogni numero (A, B e C). Segnate con una ✗ le due parole uguali.

      A   B   C
   1. ☐   ☐   ☐
   2. ☐   ☐   ☐
   3. ☐   ☐   ☐
   4. ☐   ☐   ☐
   5. ☐   ☐   ☐

4. Ascoltate e scrivete le parole senza senso.

   1. _____   2. _____   3. _____

   4. _____   5. _____   6. _____

   ⚷

Il suono [tʃ] si scrive *c*, è sempre seguìto dalle vocali *e* o *i*:
cena, cinema, bacio.

5. Leggete le parole.

   1. [ˈluːtʃe]   2. [ufˈfiːtʃo]   3. [kaˈpaːtʃe]

   4. [ˈkalːtʃo]   5. [kaˈmiːtʃa]   6. [kominˈtʃaːto]

Ora scrivetele in caratteri normali e inseritele nelle frasi che seguono.

1. È andata via la _____, adesso come facciamo?
2. Il _____ è lo sport nazionale, piace più del ciclismo.
3. È difficile lavorare in un _____ come questo, c'è troppa confusione.
4. Mi piacerebbe saper cucinare, ma non sono _____.
5. Accidenti, la cioccolata sulla _____!
6. Ho _____ a cercare un lavoro, ma è così difficile! ▬●

6. Completate la trascrizione fonetica delle seguenti parole.

1. [aran'   :ta] aranciata   2. ['sem:pli   ] semplice
3. [ku'   :na] cucina   4. [sakri'fi:] sacrificio
5. [spe'   :le] speciale   ▬●

➠ Ricordate, *chi, che* si pronunciano [ki] [ke, kɛ].
         ci, ce si pronunciano [tʃi] [tʃe, tʃɛ].

Il suono lungo [tʃtʃ] si scrive *cc*, è sempre seguìto da *e* o *i*:
succedere, uccidere, braccio.

7. Leggete le parole e dividetele in sillabe, oralmente.

1. [an'ti:tʃipo]   2. ['bratʃ:tʃo]   3. [kapputʃ'tʃi:no]
4. [de'tʃi:na]   5. ['dotʃ:tʃa]   6. [etʃtʃel'lɛn:te]
7. ['fatʃ:tʃo]   8. [fettutʃ'tʃi:ne]   9. [velotʃi'ta]
10. [vi'tʃi:no]   11. [s'pitʃ:tʃoli]

Ora scrivetele in caratteri normali e inseritele nelle frasi che seguono.

1. Hai degli _____, per piacere?
2. Questo piatto di _____ è davvero speciale!
   Hai cucinato tu?
3. Ho paura della _____ specialmente in motocicletta.
4. Sono arrivato/a all'appuntamento con grande _____.
5. Come hai fatto a rompere il _____ ?
   Sono caduto/a facendo la _____.

6. _____ sempre una colazione abbondante: _____,
cereali, pane, marmellata e succo d'arancia.

7. L'incidente è successo _____ a casa mia.

8. Alice ti ha cercato almeno una _____ di volte. Perché non
le telefoni?

9. La cena era _____. Una cucina semplice, ma raffinata.

—•

[ʧe] e [ʧɛ], in alcune parole, si scrivono *ce*:

cena, aceto.

In altre [ʧe] e [ʧɛ] sono rappresentati nella scrittura da *cie*:

cielo, specie, sufficiente, deficiente, superficie.

Alla pronuncia ['ʧɛːko] corrispondono due parole diverse, di significato diverso:

ceco, cieco.

Le parole che finiscono in *cia*, in generale, mantengono la *i* al plurale se
cia è preceduto da vocale o se la *i* accentata:

acacia-acacie

farmacìa-farmacìe

ma: *pancia-pance.*

35 [tʃ ʃ] cento, pesce

Per differenziare questi due suoni dovete controllare bene la posizione della lingua. Praticate [tʃ] con l'unità 34. Praticate [ʃ] con l'unità 33.

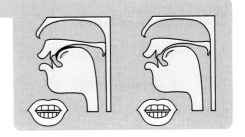

Identificazione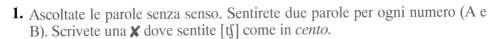

1. Ascoltate le parole senza senso. Sentirete due parole per ogni numero (A e B). Scrivete una ✗ dove sentite [tʃ] come in *cento*.

	A	B
1.	☐	☐
2.	☐	☐
3.	☐	☐
4.	☐	☐
5.	☐	☐

2. Sentirete due parole per ogni numero (A e B). Scrivete una ✗ dove sentite [ʃ] come in *pesce*.

	A	B
1.	☐	☐
2.	☐	☐
3.	☐	☐
4.	☐	☐
5.	☐	☐

Discriminazione 🔲

1. Sentirete due coppie di parole per ogni numero (A e B). Scrivete una ✗ dove sentite due parole uguali.

	A	B
1.	☐	☐
2.	☐	☐
3.	☐	☐
4.	☐	☐
5.	☐	☐

2. Sentirete una parola per ogni numero. Segnate (+) se sentite [tʃ] e (−) se sentite [ʃ].

1. ☐   2. ☐   3. ☐   4. ☐   5. ☐   ⚿

Imitazione

1. Ripetete le coppie di parole guardando le figure.

Dialogo

Non dovevi andare a cena con Scila?

1. Lucio e Licia
sono a scuola.
Ascoltateli senza
guardare il testo.

Tu, non sai che cosa mi è successo?
Che cosa?
Ieri sono andato in piscina.
Eh?
5 Ho cominciato a fare la doccia...
E allora?
Beh, quando sono uscito non ho trovato più i
miei vestiti.
Accidenti, tutti?
10 Non avevo più neanche l'asciugamano.
E come hai fatto?
Ho iniziato a chiamare, ma che ridi?
Vedo la scena! È arrivato qualcuno?
No, per almeno mezz'ora.
15 Ah!

A un certo punto è arrivato un ragazzo e mi ha dato la sua tuta e le scarpe. Ma ho fatto tardi, e pensare che ero in anticipo!
Ah, che peccato! Ma, non dovevi andare a cena con Scila?
E tu come fai a saperlo?

2. Prima di riascoltare leggete le seguenti domande:
a. Perché Lucio racconta lentamente? Non si ricorda bene quello che deve dire o vuole creare l'attesa?
b. Com'è il tono finale della frase alla riga 18? Sale o scende?
Riascoltate e leggete il dialogo in silenzio. Rispondete alle domande precedenti.

3. Riascoltate il dialogo, fermatevi dopo ogni battuta e ripetete.

4. Leggete il dialogo in coppia (A e B). A: Lucio, B: Licia.

Intonazione

1. Ripetete le frasi imitando Lucio.

Ho cominciato a fare la doccia...

1. Ho cominciato a scendere...
2. Ho cominciato a cercare l'asciugamano...
3. Ho cominciato a fare la conoscenza...

2. Ripetete le frasi controllando l'intonazione.

E pensare che ero in anticipo!

1. E pensare che dovevo cucinare per la cena!
2. E pensare che avevo deciso di uscire!
3. E pensare che volevo uscire alle cinque!

Pausa

1. Ripetete le frasi facendo attenzione alla pausa (//) e controllando l'intonazione. Dovete essere sorpresi.

Accidenti, // tutti?

1. Accidenti, // sei scivolato?
2. Accidenti, // hai lasciato il lavoro?
3. Accidenti, // hai deciso di uscire?

Pronuncia e grafia

1. Completate le frasi con le parole che seguono.

piscina, asciugamano, speciale, scegli, necessario, preferisci, scendo, Marcella, sciarpa, successiva, prosciutto, sciupato, brioscia.

1. Se vieni con noi in _____ , ricòrdati di portare l'_____ .
2. Non è _____ mettersi la _____ , non è freddo.
3. Vuoi un panino al _____ ?
   No, grazie preferisco una _____ .
4. Scendi con noi a Piacenza?
   No, _____ alla fermata _____ .
5. _____ è una ragazza _____ non ce ne sono molte come lei.
6. _____ tu il ristorante in cui _____ andare.
7. Peccato! Hai _____ la sorpresa che pensavo di farti. ➤━○

2. Completate le parole con 1: *sc*, 2: *cc*, 3: *c*.

1. È uno ___ienziato e___ellente, soprattutto nel campo della medi___ina.
2. Re___entemente il costo della vita è cre___iuto molto, bisogna fare molti sacrifi___i per vivere.
3. Non importa, la___ia stare, a___iugo io il pavimento!
4. Perché non a___etti il mio invito? Anche se e___i tardi dal lavoro forse rie___i a arrivare in tempo per la ___ena.
5. La fa___enda è davvero complicata, ma è stata una tua ___elta e quindi ora devi riu___ire a risolvere i problemi da solo.
6. Se a___endi la lu___e, forse rie___i a trovare quello che ___erchi!
7. Spedi___i tutta la posta che ri___evi alla nuova sede dell'uffi___io.
8. Preferi___i cu___inare o a___endere il fuoco?
   Ma, è proprio ne___essario che io fa___ia qualcosa? ➤━○

3. 📼 Ascoltate e scrivete le parole senza senso.

1. _____ 2. _____ 3. _____
4. _____ 5. _____ 6. _____ ➤━○

36

g, G [ʤ] gelato

Per pronunciare questo suono toccate la parte compresa tra gli alveoli e il palato con la parte anteriore della lingua come per [ʧ]. La punta della lingua è verso il basso. Staccate la lingua, fate uscire l'aria dalla bocca e pronunciate [ʤ]. Controllate le labbra, sono in avanti. Le corde vocali devono vibrare.

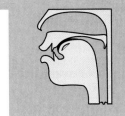

Imitazione

1. Ascoltate le parole guardando le figure.

2. Riascoltate. Fermate la cassetta dopo ogni parola e ripetete in silenzio.

3. Riascoltate le parole e ripetete a voce alta.

| **Dialogo** | | **Ti va di fare una passeggiata sulla spiaggia?** |

1. Giulia vive al mare. Gianni è andato a farle una visita. Ascoltateli senza guardare il testo.

  Giulia, ti va di fare una passeggiata sulla spiaggia?
Con questa pioggia?
Ma non ora, oggi pomeriggio.
Dicono che il tempo peggiorerà...
5 No, non credo.
Ma sai, poi, nel pomeriggio viene mia cugina.
Chi Giuliana?
No, Giovanna!

Ah, Giovanna.
10 Rimani a mangiare con noi!
Ma no! non vorrei... e poi, oggi ho già mangiato troppo.
Su Gianni, lo so che vuoi rimanere per Giovanna.
No, non è vero. Dai, non prendermi in giro!

2. Prima di riascoltare leggete le seguenti domande:
a. Giulia fa due pause alla riga 6. Perché? Sta pensando o non vuole essere scortese con Gianni?
b. Com'è la tonalità finale della frase di Giulia (riga 10)?
Riascoltate e leggete il dialogo in silenzio. Rispondete alle domande precedenti.

3. Riascoltate il dialogo, fermatevi dopo ogni battuta e ripetete.

4. Leggete il dialogo in coppia (A e B). A: Gianni, B: Giulia.

Intonazione 📼

1. Ripetete le frasi imitando Gianni.

Giulia, ti va di fare una passeggiata sulla spiaggia?

1. Giuliana, ti va di assaggiare la torta al formaggio?
2. Giovanna, ti va di mangiare con noi?
3. Gianni, ti va di fare un giro in giardino?

2. Ripetete le frasi controllando l'intonazione.

Rimani a mangiare con noi!

1. Fa' una passeggiata con noi!
2. Assaggia gli asparagi!
3. Leggi quel libro giallo!

Pausa 📼

1. Ripetete facendo attenzione alle pause (//). Non volete essere scortesi.

Ma sai, // poi, // nel pomeriggio viene mia cugina.

1. Ma sai, // poi, // giovedì viene Gianni.
2. Ma sai, // poi, // a gennaio parto per Genova.
3. Ma sai, // poi, // tra due giorni parto per un viaggio.

Suoni e grammatica

1. Formate
il passato
prossimo
dei verbi.

mangiare

giocare
parcheggiare
esagerare
assaggiare

ho già mangiato.

Conversazione

1. Leggete le frasi in silenzio. Lavorate in coppia (A e B). **A** legge una frase a
scelta, **B** sceglie una risposta a scelta.

A:

1. Vieni a fare giardinaggio con
   me per alcuni giorni?
2. Qualche volta immagino di
   essere Michelangelo.
3. Vorrei diventare giornalista.

4. Ho gettato via tutti i tuoi dischi
   di musica leggera.
5. Vuoi un passaggio fino a casa?
6. Perché è così giù di morale?
7. Sei esagerato/a, il tuo ginocchio
   è guarito.
8. Sei un/a bugiardo/a.
9. Sei il peggiore ingegnere che
   conosca.
10. Sono completamente
    vegetariano/a.

B:

a) Quali sono i vantaggi e
   gli svantaggi?
b) Non posso, sono allergico/a
   ai gerani.
c) Non mi sembra una scelta giusta,
   sei coraggioso.
d) Grazie sei un angelo!

e) E io Caravaggio...
f) Ma sei pazzo? Mi viene da piangere.
g) Non è più giovane, e non ha
   nessuna gioia.
h) Non è vero, tu sei geloso di me.
i) Come puoi giudicare?

l) Non sei molto gentile, hai altro
   da aggiungere?

Intervallo

Indovinello

L'insegnante divide gli studenti in due squadre e pone un quesito. Ogni
squadra deve rispondere senza guardare il testo e aspettando la fine del
quesito. Chi risponde prima ha il punto. Se sbaglia passa la mano. La soluzione è una parola che contiene il suono [ʤ].

1. Il primo mese dell'anno.
2. Lo si diventa quando si compiono 18 anni.
3. Il figlio di mio zio.
4. Non so dove mettere la mia macchina, in questa città non ci sono...
5. Il contrario di: *"Gianni sta sempre meglio"*.
6. Il nome delle persone che viaggiano in treno, in aereo, in nave.
7. Ai bambini servono per giocare.
8. Gli abitanti del Giappone.
9. Il contrario di avere torto.
10. Il marito di mia figlia.
11. Si chiede quando si fa l'autostop.
12. Il figlio più piccolo è il minore e il più grande è il...

Pronuncia e grafia

1. 🔲 Ascoltate le parole senza senso. Sentirete due parole per ogni numero. Scrivete una ✗ quando il suono è lungo [ʤʤ].

A	B
1.🔲	🔲
2.🔲	🔲
3.🔲	🔲
4.🔲	🔲
5.🔲	🔲

2. Sentirete una parola per ogni numero. Scrivete una ✗ dove sentite il suono lungo [ʤʤ].

1.🔲 2.🔲 3.🔲 4.🔲 5.🔲

3. Sentirete tre parole per ogni numero (A, B e C). Segnate con una ✗ le due parole uguali.

A	B	C
1.🔲	🔲	🔲
2.🔲	🔲	🔲
3.🔲	🔲	🔲
4.🔲	🔲	🔲
5.🔲	🔲	🔲

4. Ascoltate e scrivete le parole senza senso.

1._____ 2._____ 3. _____ 4. _____

5._____ 6._____ 7. _____ 8. _____   ━●

Il suono [ʤ] si scrive *g*, è sempre seguìto dalle vocali *e* o *i*:
gente, giro, giallo, igiene, gioco, giù.

➠ Ricordate, *ghi, ghe* si pronunciano [gi] e [ge, gɛ]
  gi, ge si pronunciano [ʤi] e [ʤe, ʤɛ].

5. Completate le frasi con le parole che seguono.

ragione, Giacomo, Angela, gialla, intelligente, grigio.

1. Credi di avere sempre _____?

2. Vuoi una giacca_____?!

3. È uscito _____?

4. È _____ il tuo vestito?

5. È un ragazzo _____?

6. È partita _____?   ━●

Il suono lungo [ʤʤ] si scrive *gg*, è sempre seguìto da *e* o *i*:
oggetto, oggi, maggiore.

6. Scrivete le parole in caratteri normali e leggetele.

1. [sta'ʤoːne] _____ 2. [va'liːʤa] _____

3. [ʤen'tiːle] _____ 4. [vi'aʤːʤo] _____

5. ['maʤːʤo] _____

7. Completate la trascrizione fonetica delle parole e leggetele.

1. [oro'lɔː   ] orologio   2. [ve'di] giovedì

3. ['   kːka] giacca   4. ['lɛ   re] leggere

5. ['nɔkːkjo] ginocchio   6. [assa '   re] assaggiare

Ora inserite le parole degli esercizi n. 6 e 7 nelle frasi che seguono.

1. Generalmente non mangio molto, ma voglio _____ tutto.
2. Ha fatto i salti di gioia quando ha saputo che Giuliana arriva _____.
3. Mi fa male un _____, sono caduto/a giocando a tennis.
4. È un ragazzo intelligente e _____, vedrai è la persona giusta per quel lavoro.
5. Hai ragione questa _____ mi sta peggio dell'altra.
6. S'è messo a _____ il giornale dalla prima all'ultima pagina.
7. Ho perso l'_____ che mi hanno regalato i miei genitori.
8. Questo è l'ultimo _____ che organizzo con te.
9. Potresti frequentare i corsi da gennaio a _____ e poi viaggiare durante la bella _____.
10. Se non hai avuto la tua _____ ti devi rivolgere, con urgenza, alla compagnia aerea.

➤━●

8. Completate con *g* o *gg*.

1. Non ti so dire se è meglio stare in un villa___io turistico o in un campe___io. L'importante è che sia vicino alla spia___ia.
2. Non puoi distru___ere così ogni o___etto che ti càpita davanti solo perché o___i sei nervoso.
3. Quando prendi il sole devi prote___ere la pelle con una buona crema.
4. Ho parche___iato fuori dalla linea gialla e il vi___ile mi ha fatto la multa.
5. Ho fatto a___iustare l'orolo___io: prima andava avanti, ora va indietro.
6. Nel lavoro è sempre pe___io, sono così stufo/a che vorrei trovare il cora___io per fu___ire.
7. Se cambi idea, lasciami un messa___io sulla segreteria telefonica.

➤━●

37 [tʃ dʒ] cento, gelato

Chiudete le orecchie con le mani e dite [tʃ] alcune volte. Fate la stessa cosa con [dʒ], mentre l'aria è ancora trattenuta dalla lingua voi dovete sentire la vibrazione delle corde vocali. Dite [tʃdʒtʃdʒ]. Se non sentite la differenza, fate gli esercizi sulla sonorità a pag. 90.

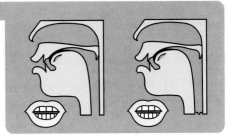

Identificazione

1. Ascoltate le parole senza senso. Sentirete due parole per ogni numero (A e B). Scrivete una ✗ dove sentite [tʃ] come in *cento*.

   A   **B**
1. ☐ ☐
2. ☐ ☐
3. ☐ ☐
4. ☐ ☐
5. ☐ ☐

2. Sentirete due parole per ogni numero (A e B). Scrivete una ✗ dove sentite [dʒ] come in *gelato*.

   A   **B**
1. ☐ ☐
2. ☐ ☐
3. ☐ ☐
4. ☐ ☐
5. ☐ ☐

3. Sentirete una parola per ogni numero. Scrivete (–) se sentite [tʃ] e (+) se sentite [dʒ].

1. ☐   2. ☐   3. ☐   4. ☐   5. ☐   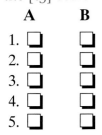

Discriminazione

1. Sentirete due coppie di parole per ogni numero (A e B). Scrivete una ✗ dove sentite due parole uguali.

   A   **B**
1. ☐ ☐
2. ☐ ☐
3. ☐ ☐
4. ☐ ☐
5. ☐ ☐

2. Sentirete due parole per ogni numero. Scrivete una ✗ solo dove sentite due parole uguali.

1. ☐　　　2. ☐　　　3. ☐　　　4. ☐　　　5. ☐

3. Ascoltate. Queste sono parole che esistono in italiano.

4. Sentirete tre parole per ogni numero (A, B e C). Segnate con una ✗ le due parole uguali.

	A	**B**	**C**
1.	☐	☐	☐
2.	☐	☐	☐
3.	☐	☐	☐
4.	☐	☐	☐
5.	☐	☐	☐

5. Ascoltate le frasi e indicate la parola che sentite in ogni frase.

1. a) Cina　b) Gina　2. a) Ciro　b) giro　3. a) cucina　b) cugina

4. a) c'ha　b) già　5. a) mancia　b) mangia

Imitazione 🔊

1. Ripetete le coppie di parole, guardando le figure.

C'HA　GIÀ

Ora ripetete le frasi dell'esercizio n. 5.

Dialogo   **Giorgio, sono già le undici.**

1. Cecilia e Giorgio
sono sposati.
Ascoltateli
mentre sono
a letto. Non
guardate il testo.

Caro, ti dispiace spegnere la luce?
Sì, Cecilia ancora un'altra pagina.
Tutte le sere la stessa storia, non capisco
perché leggi a letto.
5 Mhm!
Ma è necessario finire la pagina?
Beh!
Giorgio, sono già le undici.
No, sono le dieci e cinquanta.
10 Accidenti! Ma che genere di libro è? Dev'essere
speciale!
Sì, *Cento modi per uccidere tua moglie.*
Aiuto...!

2. Ascoltate attentamente le parole e scrivete (–) se il suono è non-sonoro
[tʃ] e (+) se è sonoro [dʒ]. Il suono può essere all'inizio, ma anche al-
l'interno della parola.

1. ☐   2. ☐   3. ☐   4. ☐   5. ☐   6. ☐

7. ☐   8. ☐   9. ☐   10. ☐   11. ☐   12. ☐   🔑

3. Ripetete le parole senza guardare il testo.

4. Riascoltate e leggete in silenzio.

5. Leggete il dialogo in coppia (A e B). A: Cecilia, B: Giorgio.

Intonazione

Quando chiediamo a qualcuno di fare qualcosa, le parole sono molto im-
portanti:
"Ti dispiace spegnere la luce?" è più gentile di *"Spegni la luce!"*
Ma anche l'intonazione è molto importante. Ascoltate la stessa frase detta
con due intonazioni diverse.
"Ti dispiace spegnere la luce?" - gentile
"Ti dispiace spegnere la luce?" - poco gentile

1. Ascoltate e indicate con una ✘ quando la frase risulta non-gentile.

1. Ti dispiace spegnere la luce? ☐
2. Ti dispiace accendere la luce? ☐
3. Ti dispiace comprare il giornale? ☐
4. Puoi assaggiare la pasta? ☐
5. Puoi leggere più tardi? ☐

2. Rispondete alle domande con: *"sì, certo"*, in modo gentile o no a seconda di com'è la domanda (gentile o poco gentile).

Ti dispiace spegnere la luce?
Sì, certo.

1. Cucini tu stasera?
2. Mi dai un passaggio?
3. Mi compri un pigiama?
4. Puoi accendere il fuoco?

Ora ripetete le frasi prima in modo gentile e poi in modo non-gentile.

3. Ripetete le frasi in modo arrabbiato.

Giorgio, sono già le undici!

1. Giorgio, hai mangiato tutti i cioccolatini!
2. Giorgio, hai bruciato il dolce!
3. Giorgio, hai cancellato la cassetta!

Accento di parola 📼

1. Ripetete facendo attenzione alla parola in rilievo.

*Ma è **necessario** finire la pagina?*

1. Ma è *necessario* leggere a letto?
2. Ma è *necessario* cominciare oggi?
3. Ma è *necessario* leggere un giallo?

Conversazione

1. Leggete domande e risposte, in silenzio. Scegliete una risposta osservando la figura. Ora lavorate in coppia (A e B). **A** pone la domanda, **B** dà la sua risposta.

1. Perché piange?

a) piange per amore.

b) ha sbucciato le cipolle.
c) soffre d'allergia.

2. Perché è bagnato fradicio?

a) ha fatto la doccia.

b) ha preso la pioggia.
c) è stato alla spiaggia.

3. Perché è giù?

a) ha giocato a calcio e ha perso.
b) non ha amici.
c) non fa mai ginnastica.

4. Che cosa è successo?

a) ha avuto un incidente.
b) ha finito di cucinare.
c) sta girando un film.

5. Che cosa immagina?

a) di baciare la sua donna.
b) di viaggiare.
c) di mangiare un gelato.

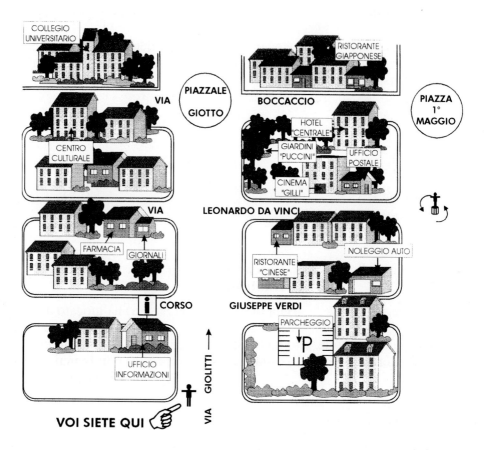

2. Lavorate in coppia (A e B) guardando la pianta della città. **A** chiede: *"Scusa sai dirmi dov'è la farmacia?"* **B** risponde: *"Sì, è in via ..."*.

3. Leggete il seguente dialogo in silenzio seguendo l'itinerario sulla pianta. Lavorate in coppia (A e B) e leggete il dialogo a voce alta.

A: Scusi, sa dirmi dov'è l'ufficio postale?

B: È abbastanza facile. Dunque lei deve continuare per questa strada... poi girare... la seconda strada a destra.
Vedrà c'è un ristorante cinese sulla destra e difronte c'è un giardino. Oltre il giardino c'è prima il cinema Gilli e poi l'ufficio postale. Di solito lì c'è anche un vigile può chiedere anche a lui.

A: Allora..., continuo per questa strada, poi laggiù giro a destra, c'è un ristorante cinese e un giardino. Oltre il giardino c'è un cinema e poi l'ufficio postale. Grazie molto, buonasera.

4. Lavorate in coppia (A e B). **A** chiede un'informazione **B** risponde guardanto la pianta.

A	B
Scusi, può indicarmi la strada per...? Scusi sa dirmi dov'è...? Scusa, sai se c'è ... da queste parti? il cinema Gilli il centro culturale i giardini Puccini una farmacia un parcheggio un giornalaio il collegio universitario piazza 1° maggio l'Hotel Centrale via Leonardo da Vinci piazzale Giotto via Boccaccio Corso Giuseppe Verdi	Queste parole vi possono essere utili per rispondere: *continuare, girare, c'è, attraversare, di fronte, oltre.*

5. Lavorate in coppia (A e B). **A** chiede: *"Che progetti hai?"* **B** sceglie una delle risposte iniziando la frase con: *"Mi piacerebbe..."*. Poi A e B si scambiano i ruoli.

A: *Che progetti hai?*
B: *Mi piacerebbe fare una gita a Vicenza.*

1. fare un giro per l'Italia.
2. andare a Parigi per qualche giorno.
3. fare una gita alle Cinque Terre.
4. diventare regista.
5. fare un viaggio in Cina.
6. lavorare per proteggere la natura.
7. leggere di più.
8. fare un corso di giapponese.
9. aprire una gelateria.
10. cominciare a dipingere.
11. partecipare a una cena di beneficienza.
12. diventare un personaggio famoso.

Gli studenti possono aggiungere i loro progetti utilizzando parole che contengano gli stessi suoni.

Intervallo

1. Leggete le seguenti frasi "strane" prima lentamente e poi per altre tre volte sempre più velocemente, senza commettere errori.

1. Ci sono dodici orologi giapponesi per venticinque amici simpatici.
2. Lucio legge sotto la pioggia vicino alla gelateria da due giorni.
3. C'è già un giardiniere in giardino con forbici speciali.
4. Viaggia con cinque valigie per centoquindici giorni.
5. Il giornalista è giornalaio, ma non ha giornali specialmente il giovedì.
6. Il cugino genovese del ragioniere ha circa cent'anni.

Pronuncia e grafia

1. Leggete le seguenti parole.

1. ['tʃiːna] - ['ʤiːna]   2. ['tʃiːro] - ['ʤiːro]

3. [ku'tʃiːna] - [ku'ʤiːna]   4. ['manːtʃa] - ['manːʤa]

5. ['franːtʃa] - ['franːʤa]   6. ['letʃːtʃe] - ['leʤːʤe]

Ora scrivete le parole in caratteri normali e inseritele nelle frasi che seguono.

1. Stasera verrà a prendermi_____, il fratello di _____.
2. Non posso stare senza la _____, mi sento strano/a. Devo farla ricrescere.
3. Se_____ mio fratello e poi chi _____?
4. Non prendermi in _____, lo sai che non so giocare a calcio.
5. Dunque, la figlia della sorella di mia madre è mia _____.
6. Non sono abituato/a a dare la _____ e così lo dimentico sempre.
7. Lo so, Parigi è la capitale della _____, ma Pechino?
   Ma come? È della _____.
8. Sono nato/a a _____ in Puglia, è una bellissima città barocca.
9. Sei sicuro che la _____ è uguale per tutti?

—●

2. In ogni frase c'è un solo errore. Leggete attentamente, trovatelo e correggetelo.

1. Dopo l'ingidente ho visto la mia macchina in officina era irriconoscibile.

2. Il medico mi ha detto che non posso più mangiare le giliege e il formaggio perché soffro di allergia, la stessa cosa per la cioccolata, che allegria!!

3. La gicatrice sul braccio? È quella della ferita che mi sono fatto/a cinque anni fa.

4. Aceto, cipolle, getrioli, pomodori, gelato e una decina di uova? Mi dici come faccio a portare tutta questa roba con la bicicletta?

5. Non può stare senza sigarette nemmeno una mezz'ora, si acita e non riesce a trovare pace finché non ne ha trovata una. ⟞●

3. Ascoltate attentamente e completate le frasi con 1: *c*, 2: *cc*, 3: *g*, 4: *gg*.

1. Pensi che sarà ne___essario fare una va___inazione per la malaria? Il so___iorno non sarà molto lungo.

2. D'estate ci sono molti in___endi dolosi e spesso bru___iano velo___emente ___entinaia di ettari di bosco.

3. Hai finito di fare la vali___ia? No, devo a___iun___ere le cami___ie, il dentifri___io, lo spazzolino e il pi___iama.

4. Ho risposto io al ___itofono, non imma___inavo che fosse Lui___i! Non l'ho riconosciuto, altrimenti non avrei aperto la porta.

5. Mi dicono di avere il polli___e verde, in effetti durante la bella sta___ione passo molte ore in ___iardino dove ci sono: tulipani, ___erani, rose.

6. Non ho ___erto fatto i salti di ___ioia quando ho saputo di non poter andare a sciare perché il capouffi___io non ha autorizzato le mie ferie.

7. Sei veramente nato con la cami___ia! Vin___ere un così bel via___io: il ___iro del mondo!

8. Mi voleva convin___ere di avere ra___ione, ha parlato per ore. Mi ha fatto il lava___io del ___ervello! ⟞●

4. ▣ Ascoltate e scrivete le parole senza senso.

1. _____ 2. _____ 3. _____
4. _____ 5. _____ 6. _____
7. _____ 8. _____ 9. _____

⚿

Pubblicità ▣

1.

a. Ascoltate senza guardare il testo.

b. Riascoltate guardando il testo.

c. Riascoltate e completate con le parole mancanti. Se necessario, riascoltate per finire di completare.

> *Scusi per arrivare a Pignola?*
>
> *Guardi, _____ a sinistra e trova la stazione di _____ Agip.*
>
> *Chiede al _____ di controllare l'olio e lui le regala la guida di stra-*
>
> *de e autostrade d'Italia, poi segue le _____ per Pignola, è*
>
> 5 *_____!*

d. Controllate le parole con il testo completo. ⚿

e. Lavorate in coppia (A e B). **A** e **B** leggono il breve dialogo (A: l'uomo, B: la donna).

2.

a. Ascoltate guardando il testo.

b. Riascoltate guardando il testo.

c. Riascoltate e completate con le parole mancanti. Se necessario, riascoltate per finire di completare.

> *Eh, scusi...*
>
> *Prego, prego.*
>
> *Devo prendere il burro.*
>
> *Giglio?*
>
> 5 *Ah, provi quello _____. _____, _____. È il _____ per*
>
> *cento più magro.*

Anche il prezzo, eh? Solo _____ *lire con l'offerta* _____, *è pro-*
prio....
Magro magro!
10 *Giglio: burro* _____ *a basso tenore di grasso.*
Ma burro, burro eh?

d. Controllate le parole con il testo completo. ⚷

e. Lavorate in tre (A: la cliente, B: il commesso, C: legge la frase alla riga 10).
Riascoltando leggete l'annuncio pubblicitario insieme agli attori, cercando
di imitare l'intonazione, l'accento sulle parole, le pause. Vi siete accorti che
uno dei due attori parla insieme all'altro? Imitatelo. La donna sorride dopo
aver detto una frase, imitatela.

3.
a. Ascoltate senza guardare il testo.

b. Riascoltate guardando il testo.

c. Riascoltate e completate con le parole mancanti. Se necessario, riascoltate
per finire di completare.

Senti, ma tu che fai quando hai problemi di stomaco?
Beh, quando non _____ *prendo il digestivo Antonetto.*
E non basta un amaro?
No, se hai problemi di stomaco usa l'alcool con prudenza. Per _____
5 *si va in* _____, *non al bar.*
_____, _____, *cattiva* _____? *Digestivo Anto-*
netto.
Antonetto è una specialità _____.
Basta masticarlo e il digestivo Antonetto _____ *presto.*
10 *Seguire le avvertenze.*

d. Controllate le parole con il testo completo. ⚷

e. Lavorate in tre (A: il 1° uomo, B: il 2° uomo, C: la donna). Riascoltando leggete i tre annunci pubblicitari insieme agli attori, cercando di imitare l'intonazione, l'accento sulle parole, le pause, la velocità.

38 z, Z [ts] **calza**

Per pronunciare questo suono toccate i denti superiori con la punta della lingua. Staccate la lingua, ma lasciatela vicino ai denti. Fate uscire l'aria, e pronunciate [ts] alcune volte. Controllate le labbra, sono distese. Le corde vocali non vibrano.

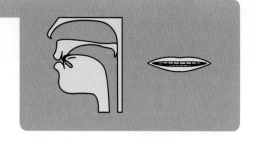

Imitazione

1. Ascoltate le parole guardando le figure.

2. Riascoltate. Fermate la cassetta dopo ogni parola e ripetete in silenzio.

3. Riascoltate le parole e ripetete a voce alta.

Dialogo — Ragazzi, silenzio!

1. Siamo in una classe. L'insegnante sta facendo esercizi di pronuncia. Ascoltate senza guardare il testo.

Ragazzi, silenzio! Oggi facciamo esercizi di pronuncia. Comincia tu Tiziana.
Allora ripeti: tazza.
Tazza.
5 No, ascolta bene! Ho detto: tazza! Ripeti!
Tazza.
Bene! Ora ripeti: forza.
Forza.

No, fai attenzione: forza.
10 Forza.
Bene ora ripeti: stanza.
Stanza.
Bene Tiziana!
Professoressa posso alzarmi?
15 Sì, ma si dice alzarmi, non alzarmi.
La ringrazio.
Sì, Tiziana "ringrazio" non ringrazio, che pazienza!

2. Ripetete le parole.

3. Prima di riascoltare leggete le seguenti domande:
a. Com'è la tonalità di *"ragazzi, silenzio!"* (riga 1)? E la forza sulle sillabe accentate?
b. Com'è la tonalità della frase alla riga 17?
Riascoltate e leggete il dialogo in silenzio. Rispondete alle domande precedenti. ━○

4. Leggete il dialogo in coppia (A e B) A: insegnante, B: Tiziana. Ricordate che Tiziana fa degli errori.

Intonazione 🔲

1. Ripetete le frasi imitando l'insegnante.

Ragazzi, silenzio!

1. Ragazzi, aprite il dizionario!
2. Ragazzi, iniziate l'esercizio!
3. Ragazzi, senza scherzare!

2. Ripetete le frasi.

Forza, ripetete!

1. Forza, alzatevi!
2. Forza, fate attenzione!
3. Forza, iniziate!

3. Ripetete le frasi con una tonalità bassa. Siete delusi.

1. Che pazienza!
2. Che tristezza!
3. Che violenza!
4. Che indifferenza!

4. Ripetete le frasi con una tonalità alta. Siete contenti.

1. Che differenza!
2. Che vacanza!
3. Che tenerezza!
4. Che bellezza!

5. Ora chiamate queste persone che si trovano in un'altra stanza per invitarle in pizzeria.

Ragazzi
Ragazzi, andiamo in pizzeria?

1. Lorenzo!
2. Maurizio!
3. Cinzia!

6. Trasformate le frasi.

andare a Firenze.
Ho intenzione di andare a Firenze.

1. andare in vacanza.
2. alzarmi presto.
3. andare a vivere a Venezia.

Suoni e grammatica

1. Trasformate dall'aggettivo al sostantivo.

ricco   *ricchezza*

lungo
largo
alto
bello
stanco
grande
sicuro
dolce
gentile
debole

2. Trasformate dal verbo al sostantivo.

operare   *operazione*

educare
spedire
dimostrare
negare
comunicare
informare
preparare

Enfasi

Se qualcuno vi chiede: *"Eri con Carla nella stanza di Paolo?"* e voi era-vate con Patrizia e non con Carla. Voi dite: *"ero con **Patrizia**"* pronun-ciando questa parola con un accento più forte.

1. Lavorate in coppia (A e B). **A** legge la domanda, **B** risponde mettendo l'enfasi su una parola per dire qual è l'indirizzo esatto.

A: L'indirizzo è signor Fazi, Via Fazzini 12, Firenze?
B: No, è signor Fazi, Via *Mazzini* 12, Firenze.

A: L'indirizzo è signor Muzi, Via Mazzini 12, Firenze?
B: No, è signor *Fazi*, Via Mazzini 12, Firenze.

A: L'indirizzo è signor Fazi, Via Mazzini 12, Venezia?
B: No, è signor Fazi, Via Mazzini 12, *Firenze*.

Conversazione

Lavorate in coppia (A e B). **A** pone una domanda. **B** sceglie una risposta adeguata.

A: *Vuoi un pezzetto di pizza?*
B: *No, grazie.*

A
1. Vuoi un pezzetto di torta?
2. Vuoi una tazza di tè?
3. Vuoi uscire con Cinzia?
4. Vuoi fare le pulizie con me?
5. Perché non canti una canzone?
6. Vengo io con te all'agenzia di viaggi?
7. Parti per la Scozia in bici?
8. Vuoi lavare le mie calze?
9. Vuoi chiedere il divorzio?
10. Vuoi un fazzolettino?
11. Hai comprato la mozzarella?
12. Vuoi le lenzuola pulite?

B
a) No, ho già fatto colazione.
b) Sì, grazie.
c) Non sono mica pazzo/a.
d) Grazie, che bellezza!
e) No, non ho pazienza.
f) Neanche per scherzo.

g) Ti ringrazio, ma esco con Tiziana.
h) Che razza di domande fai?
i) No, ormai sono troppo anziano/a.
l) Sì, ma ho dimenticato il prezzemolo!
m) No, ci vado con il mio/la mia fidan-zato/a.
n) No, grazie è la terza volta che me lo chiedi.

Intervallo

Indovinello.

L'insegnante divide gli studenti in due squadre e pone un quesito. Ogni squadra deve rispondere senza guardare il testo e aspettando la fine del quesito. Chi risponde prima ha il punto. Se sbaglia passa la mano. La soluzione è una parola che contiene il suono [ts].

1. Serve per pulire i denti.
2. Viene dopo febbraio.
3. Se non ce l'hai sei debole.
4. L'oro è un metallo, ma è...
5. La città della Galleria degli Uffizi.
6. È margherita, non è un fiore, ma si mangia.
7. La città delle gondole.
8. Fumare, per qualcuno è un...
9. Cattivo odore.
10. Prima di quarto.
11. Di chiavi, di carte, di fiori, ma è sempre un...
12. Serve per asciugare il naso.
13. È bianca è morbida, va sulla pizza.
14. Allegria sta a tristezza come povertà sta a...

Scioglilingua

Leggete tre volte aumentando ogni volta la velocità. Se sbagliate dovete ricominciare.

Sotto la porta di un palazzo
c'e un povero cane pazzo.
Date un pezzo di pane
a quel povero pazzo cane.

Quando l'avete imparato a memoria, ripetetelo velocemente senza leggere.

Pronuncia e grafia

Il suono [ts] nella scrittura è rappresentato da *z*:

grazie, stazione.

Questo suono, in italiano, è sempre lungo tra vocali grafiche anche quando si scrive una sola *z*:

grazie, stazione hanno il suono lungo ['gratːtsje] [statsˈtsjoːne] come ['pɛtːtso] [paˈlatːtso] [bɛlˈletːtsa] che invece si scrivono con *zz*:

pezzo, palazzo, bellezza.

1. Leggete le seguenti parole.

1. ['tatːtsa] 2. ['pɛtːtso] 3. ['gratːtsje]
4. [kolatsˈtsjoːne] 5. [letsˈtsjoːne] 6. [ezerˈtʃitːtsjo]
7. [noˈtitsːtsja] 8. [spatstsoˈliːno]

Ora inserite le parole, scritte in caratteri normali, nelle frasi che seguono. Se non ricordate la loro scrittura, aiutatevi con il dizionario.

1. Prendi una _____ di tè?

   Sì, volentieri.

   Vuoi anche un _____ di torta?

   Sì _____, non ho ancora fatto _____.

2. Hai finito di fare l'_____?

   No, e ti do una bella _____: domani non c'è _____.

3. Devo ancora prendere le calze e lo _____, poi chiudo la valigia.

—o

2. Completate la trascrizione fonetica delle parole e leggetele.

1. [raˈga ː o] ragazzo 2. ['pja ː a] piazza
3. ['ma ː o] mazzo 4. ['prɛ ː o] prezzo
5. [indiˈri ː o] indirizzo 6. [sta ˈ joːne] stazione
7. [deskri ˈ joːne] descrizione 8. [davanˈ aːle] davanzale
9. [sˈpa ː jo] spazio

Ora inserite le parole nelle frasi che seguono.

1. Non posso fare la _____ dei dipinti di Tiziano.
2. Scusi, vorrei regalare un bel _____ di rose. Qual è il _____ ?
3. Conosci l'_____ del _____ di Luisa?
   Sì, abita proprio vicino alla _____ in _____ Mazzini, n. 10.
4. Sul _____ ci sono troppi vasi di fiori, non c'è più _____ .

━●

3. Completate le parole con 1: *s*, 2: *z*, 3: *zz*.

1. Mi dispiace, la macchina non fun___iona bene, fai atten___ione!
2. Vieni alla men__a con me?
   No, ti ringra__io, preferisco mangiare a casa.
3. Mi fa così male il pol__o che non riesco più ad al__are nemmeno una ta___a.
4. Pen__a ho preso l'influen__a così ho dovuto rinviare la parten__a.
5. Questo latte pu___a! Hai controllato la data di scaden__a?
6. Che belle__a! Domani cominciano le vacan__e, potrò al__armi quando voglio.
7. Congratula___ioni! Vi siete fidan__ati! Formate veramente una bella coppia!
8. In__omma,ti decidi? Bisogna fermar__i o hai inten__ione di proseguire fino a Vicen___a?
9. Che ne dici di andare a Firen__e con Loren__o, per visitare la Galleria degli Uffi__i?
10. Ho trovato un'ottima sistema__ione in un appartamento abbastan__a tranquillo, in un grande pala___o.

━●

Modi di dire

1. Completate le frasi con *pezzi (2), pezzo, razza, forza, pazza.*

1. Il vaso è caduto per terra, s'è fatto in mille _____.
2. Che _____ di amico è, se non ti aiuta nei momenti difficili?
3. Suo padre è un _____ grosso della polizia.
4. Sono molto stanco/a e per di più ho i nervi a _____.
5. A _____ di dirgli che doveva smettere di telefornarmi di notte, finalmente ha capito.
6. Da quando ha divorziato, s'è data alla _____ gioia.

➼

z, Z [dz] zaino

Per pronunciare questo suono toccate i denti superiori con la punta della lingua. Staccate la lingua, ma lasciatela vicino ai denti. Fate uscire l'aria e pronunciate [dz] alcune volte. Controllate le labbra, sono distese. Le corde vocali devono vibrare.

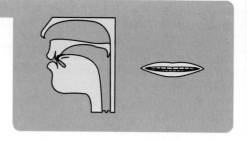

Imitazione

1. Ascoltate le parole guardando le figure.

2. Riascoltate. Fermate la cassetta dopo ogni parola e ripetete in silenzio.

3. Riascoltate le parole e ripetete a voce alta.

Dialogo — Era sotto zero, di sicuro!

1. Marta e Paolo vivono insieme. Ascoltateli mentre parlano. Non guardate il testo.

Serena ha organizzato proprio una bellissima cena!
Hai mangiato bene?
Sì, c'era la zuppa d'orzo, le zucchine al forno, il manzo al vino, tutto favoloso!
5 C'era anche tuo zio, poi?
Sì, ma è arrivato con mezz'ora di ritardo.
Fino a che ora ci siete rimasti?
Fino a mezzanotte.

E come mai sei tornata stamattina?
10 Eh, ho finito la benzina e sono dovuta tornare a piedi...
Ma, non era freddo?
Mhm, non me lo ricordare! Era sotto zero, di sicuro!

2. Ripetete le parole.

3. Riascoltate il dialogo e leggete in silenzio.

4. Riascoltate il dialogo, fermatevi dopo ogni battuta e ripetete.

5. Leggete il dialogo in coppia (A e B). A: Marta, B: Paolo.

Intonazione

1. Ripetete le frasi controllando l'intonazione. La tonalità è media quando c'è la virgola, ma scende alla fine quando c'è l'esclamazione.

C'era la zuppa d'orzo, le zucchine al forno, il manzo al vino, tutto buono!

1. C'era mio zio, mia zia, la zia di Paolo, tutta la famiglia!
2. La gente è arrivata a mezzogiorno, a mezzogiorno e mezzo, a mezzanotte, a tutte le ore!
3. C'era risotto allo zafferano, lenticchie e zampone, crema allo zabaione, tutto speciale!

Enfasi

Se qualcuno vi dice: *"Così parti a mezzogiorno"*. E voi invece partite a mezzanotte, voi dite: *"parto a **mezzanotte**"*, pronunciando questa parola con un accento più forte.

1. Lavorate in coppia (A e B). **A** legge la domanda, **B** risponde mettendo l'enfasi su una parola.

A: Allora, ti compro le zucchine e mezzo chilo di manzo.
B: No, le zucchine e mezzo chilo di *farina*.

A: Allora ti compro lo zafferano e mezzo chilo di manzo.
B: No, le *zucchine* e mezzo chilo di manzo.

A: Allora ti compro le zucchine e un chilo di manzo.
B: No, le zucchine e *mezzo* chilo di manzo.

Suoni e vocabolario

1. Ripetete le frasi
e spiegate, poi,
il significato.

È arrivato con mezz'ora di ritardo.

1. È arrivato mezz'ubriaco.
2. È arrivato mezz'addormentato.
3. È arrivato mezzo mondo.
4. È arrivato con i mezzi di trasporto pubblici.
5. È arrivato nel bel mezzo della cena.

Suoni e grammatica

1. Formate il verbo
aggiungendo
il suffisso *-izzare*.

utile

utilizzare

tranquillo
speciale
moderno
memoria
analisi

Conversazione

1. Lavorate in coppia (A e B). **A** sceglie una domanda, **B** sceglie la risposta.

A
1. A che ora è arrivato tuo zio?
2. A che ora è arrivata tua zia?
3. A che ora sono partiti i tuoi zii?
4. A che ora hanno servito i tramezzini?
5. A che ora hanno servito lo zuccotto?

B
a) A mezzanotte.
b) A mezzanotte e mezza.
c) A mezzogiorno.
d) A mezzogiorno e mezzo.
e) Mezz'ora dopo di te.

2. Lavorate in coppia (A e B). **A** chiede: *"Che cosa ti piacerebbe organizzare?"* **B** sceglie una risposta. Poi A e B si scambiano i ruoli.

A: *Che cosa ti piacerebbe organizzare?*

B
1. Una festa per i segni zodiacali.
2. Un pranzo con gli amici di
   Catanzaro.
3. Un convegno sulla fascia
   dell'ozono.
4. Una gara di barzellette.
5. Un giro nei migliori magazzini.
6. Una visita allo zoo.
7. Un viaggio in mezzo al deserto.
8. Una visita in un'azienda di
   cioccolato.
9. Una cena a base di tramezzini.
10. Un premio per il romanzo più
    originale.
11. Un concorso per la persona più
    abbronzata.

Intervallo

Indovinello.

L'insegnante divide gli studenti in due squadre e pone un quesito. Ogni squadra deve rispondere senza guardare il testo e aspettando la fine del quesito. Chi risponde prima ha il punto. Se sbaglia passa la mano. La soluzione è una parola che contiene il suono [ʣ].

1. Si raccontano per far ridere.
2. È un animale a righe bianche e nere.
3. Lo diventa chi prende tanto sole.
4. Quando è freddo le temperature vanno sotto...
5. L'ultima lettera dell'alfabeto italiano.
6. La metà di uno.
7. Si mette nel caffè.
8. Il gatto ne ha quattro.
9. La sorella di mia madre.
10. Le automobili ne consumano molta.

Pronuncia e grafia

Il suono [ʣ] nella scrittura è rappresentato da *z*:

zero, zeta, ozono, azienda.

Questo suono, in italiano, è sempre lungo tra vocali grafiche anche quando si scrive una sola *z*:

zero, zeta, ozono e *azienda* hanno il suono lungo [*ˈʣɛːro] [*ˈʣɛːta] [oʣˈʣɔːno] [aʣˈʣjɛnːda] come:

[aʣˈʣurːro] [ˈmɛʣːʣo] che invece si scrivono con zz:

azzurro, mezzo.

* indica la maggiore lunghezza del suono iniziale di una parola, quando è preceduto da un'altra parola terminante in vocale [loʣˈʣɛːro].

Nella pronuncia tradizionale la *z* all'inizio di parola può essere sonora come in [*ˈʣɛːro] o non-sonora come in [*ˈtsukːkero]. Nella pronuncia moderna la *z* iniziale di parola tende a essere pronunciata sonora: [*ˈʣɛːro] e [*ˈʣukːkero].

1. Leggete le seguenti parole.

1. [*ˈʣɛːro]   2. [*ˈʣɛːta]   3. [*ˈʣitːto] 4. [*ˈʣɔːna]
5. [*ˈʣukːkero]   6. [organiʣˈʣaːre] 7. [ˈmɛʣːʣi]
8. [mɛʣʣoˈʤorːno] 9. [ˈmɛʣːʣa]   10. [mɛʣʣaˈnɔtːte]

Ora inserite le parole, scritte in caratteri normali, nelle frasi che seguono.

1. Abito in una _____ molto lontana dal centro e non ci sono ancora i _____ di trasporto.
2. "Benzina" si scrive con la _____, e non con la "esse".
3. Se arrivi prima di _____, puoi mangiare subito e poi possiamo
   _____ insieme la cena, che ne dici?
4. È stato molto freddo, la temperatura è scesa spesso sotto lo _____.
5. C'era un sacco di gente alla festa di Luisa, e ci siamo rimasti fino a
   _____ e _____.
6. Stai _____ lo zio dorme, non lo disturbare.
7. Sì, il caffè, lo prendo con lo _____.   ⊶

2. Completate le parole con 1: s, 2: z, 3: zz.

1. Devi ___mettere d'invitare me___o mondo ogni volta che orga-
   ni___i una festa di compleanno!
2. Se ti ___vegli a me___ogiorno, come puoi reali___are tutto quello
   che vuoi fare?
3. La mia macchina fotografica ha lo ___oom, ma non la puoi uti-
   li___are per soggetti così distanti.
4. Non abito lontano, devi prendere la prima strada a de___tra, via
   Manzoni. Dopo lo ___oo, c'è una strada a sini___tra a ___ig___ag,
   non puoi ___bagliare.
5. Conosco quel roman___o dalla "a alla ___eta", l'ho anali___ato parola per parola.
6. C'è un maga___ino che fa ottime ___vendite ogni fine di stagione.
7. Tranquillì___ati, qui non ci sono ___an___are.
8. Tu ti ___bagli, il principe a___urro non esiste.   ⊶

Modi di dire

1. Completate le frasi con *zero (2), mezza (2), mezzo (2).*

1. Non sono sicuro/a che verrà a trovarmi, m'ha fatto una _____ promessa.
2. Ha perso il lavoro, la moglie l'ha lasciato, deve ripartire da _____.
3. Non è né grande né piccolo, è una via di _____.
4. S'è tagliato i capelli a _____, per praticità.
5. T'ho detto: "togliti di _____, hai capito?"
6. È una donna di _____ età, alta, bionda, sono sicuro/a che la conosci.

40 [ts dz] calza, zaino

Per differenziare questi due suoni dovete controllare le corde vocali. Chiudete le orecchie con le mani e dite [ts] alcune volte. Fate la stessa cosa con [dz], mentre l'aria è ancora trattenuta dalla lingua, dovete sentire la vibrazione delle corde vocali. Dite [ts dz ts dz]. Se non sentite la differenza, fate gli esercizi sulla sonorità a pag. 90.

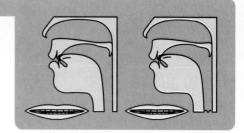

Identificazione

1. Ascoltate le parole senza senso. Sentirete due parole per ogni numero (A e B). Scrivete una ✗ dove sentite [ts] come in *calza*.

A   B

1. ☐   ☐
2. ☐   ☐
3. ☐   ☐
4. ☐   ☐
5. ☐   ☐

2. Sentirete due parole per ogni numero (A e B). Scrivete una ✗ dove sentite [dz] come in *zaino*.

A   B

1. ☐   ☐
2. ☐   ☐
3. ☐   ☐
4. ☐   ☐
5. ☐   ☐

3. Sentirete una parola per ogni numero. Scrivete (–) se sentite [ts] e (+) se sentite [dz].

1. ☐   2. ☐   3. ☐   4. ☐   5. ☐   ⚷

Discriminazione

1. Sentirete due coppie di parole per ogni numero (A e B). Scrivete una ✗ dove sentite due parole uguali.

A   B

1. ☐   ☐
2. ☐   ☐
3. ☐   ☐
4. ☐   ☐
5. ☐   ☐

2. Sentirete due parole per ogni numero. Scrivete una ✗ solo dove sentite due parole uguali.

1. ☐   2. ☐   3. ☐   4. ☐   5. ☐

3. Ascoltate. Queste sono parole che esistono in italiano. Sentirete tre parole per ogni numero (A, B e C). Segnate con una ✗ le due parole che hanno lo stesso suono.

	A	**B**	**C**
1.	☐	☐	☐
2.	☐	☐	☐
3.	☐	☐	☐
4.	☐	☐	☐
5.	☐	☐	☐

4. Sentirete una parola per ogni numero. Scrivete (−) se sentite [ts] e (+) se sentite [dz].

1. ☐   2. ☐   3. ☐   4. ☐   5. ☐

6. ☐   7. ☐   8. ☐   9. ☐   ⊸

Dialogo   📼   **Caro, c'è una zanzara.**

1. Patrizia e Enzo
stanno dormendo.
Ascoltate senza
guardare il testo.

Zzzzzz...
Caro! caro!
Cara, è mezzanotte!
Caro, c'è una zanzara.
5 Eh...
Caro, è mezz'ora che ti dico che c'è una zanzara.
E allora?
Beh, alzati e ammazzala!
Sei pazza?
10 Zzzzzz...
Caro... la zanzara!
Lo sai che sono contro ogni forma di violenza.
Zitto, eccola! Ahi, dannazione, mi ha pizzicato!
Oh, meno male! Adesso possiamo dormire.
15 Sì, grazie, che gentilezza!

2. Ripetete le parole.

3. Riascoltate e leggete il dialogo in silenzio.

4. Riascoltate il dialogo, fermatevi dopo ogni battuta e ripetete.

5. Leggete il dialogo in coppia (A e B). A: Patrizia, B: Enzo.

Intonazione 🔲

1. Ripetete le frasi imitando Enzo.

Cara, è mezzanotte!

1. Cara, abbi pazienza!
2. Cara, tranquillìzzati!
3. Cara, muoio dalla stanchezza!

2. Ripetete le frasi imitando Patrizia. Avete paura delle zanzare.

Caro, c'è una zanzara!

1. Caro, fa' attenzione!
2. Caro, ammazzala!
3. Caro, su forza, alzati!

Accento di parola 🔲

1. Ripetete le frasi facendo attenzione alle parole in rilievo.

Dannazione, mi ha pizzicato!

1. *Dannazione, sta' zitto!*
2. *Dannazione, non è uno scherzo!*
3. *Dannazione, voglio il divorzio!*
4. *Dannazione, è la solita canzone!*
5. *Dannazione, fa' silenzio!*

Pausa 🔲

1. Ripetete facendo attenzione alle pause (//).

Sì, // grazie, // che gentilezza!

1. Sì, // grazie, che dolcezza!
2. Sì, // grazie, che tenerezza!
3. Sì, // grazie, che partecipazione!

Conversazione

1. Lavorate in coppia (A e B). **A** legge una frase mettendo l'accento sulla parte finale della frase. **B** ripete la parte finale della frase, dimostrando la sua sorpresa.

A: Torna **a marzo.**
B: *A marzo!?*

A

1. Ha perso *lo zainetto.*
2. La temperatura era *sotto zero.*
3. È laureato *in scienze politiche.*

4. È rimasto *senza benzina.*
5. S'è rotto *una zampa.*
6. Devi salire *sull'ultima carrozza.*

Intervallo

1. Lavorate in coppia (A e B). **A** deve scegliere, guardando i disegni, tre parole con lo stesso suono. **B** deve formare una frase con le tre parole scelte da A.

2. Gli studenti leggono le parole in silenzio e dividono quelle con il suono [ts] da quelle con il suono [dz].

Attenzione, anziano, pazienza, azzurro, benzina, scienza, canzone, manzo, partenza, barzelletta, mezzo, pezzo, zigzag, mazzo, magazzino, colazione, funziona, divorzio, azienda, utilizzare, analizzo, orzo, violenza, bazar.

Lavorate in coppia (A e B). **A** dice una parola, **B** ne dice un'altra con lo stesso suono. Se B risponde bene propone la parola successiva, altrimenti continua A. ➖●

3. Le parole in silenzio.

L'insegnante mima una parola con la bocca (senza fare uscire la voce), gli studenti devono individuare la parola che, secondo loro, è stata detta.

1. azienda, agenda, faccenda, forza.
2. stagione, stazione, calcio, calza.
3. marzo, marcio, mangia, pazza.
4. piazza, piaccia, roccia, tazza.
5. mancia, pizza, buccia, puzza.
6. cima, zona, zebra, cibo.

4. Gli studenti, divisi in due gruppi, scelgono le parole che intendono mimare e le comunicano all'insegnante. Successivamente lo studente di un gruppo pone il quesito agli studenti dell'altro.

Pronuncia e grafia

1. Leggete le seguenti parole.

1. [influˈɛnːtsa] 2. [realidzˈdzaːre] 3. [ˈanːtsi]
4. [ˈtɛrːtsa] 5. [dodzˈdziːne] 6. [ˈmatsːtso]
7. [organidʐdzatsˈtsjoːne]

Ora inserite le parole, scritte in caratteri normali, nelle frasi che seguono.

1. Che _____, tutto è perfetto!

2. È la _____ volta che ti dico di alzarti. È quasi mezzogiorno!

3. Ha avuto l'_____, per questo non ha iniziato le lezioni di danza.

4. Ho speso un sacco di soldi per _____ quel progetto, ma ne valeva la pena.

5. Non è per niente antipatico, _____ mi è molto simpatico.
6. Signorina, vorrei spedire, in Svizzera, un _____ di rose: due

_____.

—●

2. Completate la trascrizione fonetica delle parole e leggetele.

1. ['*   ɔːna]   zona   2. ['sɛn   a]   senza
3. [silenˈ   joːza] silenziosa   4. ['prɛ   :   o]   prezzo
5. ['pɛ :   i]   pezzi   6. [ta   ˈ   iːne] tazzine
7. ['fɔr: a]   forza   8. [pa   ˈ jɛn: a] pazienza

Ora inserite le parole nelle frasi che seguono.

1. _____! Fatti coraggio, vedrai che alla fine tutto si sistemerà.
2. Mi sono cadute le _____ e i piatti, è andato tutto in mille

_____.

3. Che _____ ci vuole con te! Ti decidi a fare i compiti?
4. Che _____ ha questo libro? È caro?
5. Non posso vivere _____ di te. Ti prego, non mi lasciare!
6. Abito in una _____ molto tranquilla, è così _____!

—●

41

Per pronunciare questo suono toccate il palato
con il dorso della lingua, la punta della lingua
è rivolta verso il basso. L'aria passa ai lati della lingua. Pronunciate [ʎ], le labbra sono distese. Le corde vocali devono vibrare.

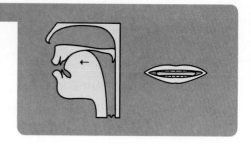

Identificazione

1. Ascoltate le parole senza senso. Sentirete due parole per ogni numero
(A e B). Scrivete una ✗ dove sentite [ʎ] come in *foglia*.

	A	B
1.	☐	☐
2.	☐	☐
3.	☐	☐
4.	☐	☐
5.	☐	☐

2. Sentirete una parola per ogni numero. Scrivete una ✗ quando sentite
[ʎ].

1. ☐   2. ☐   3. ☐   4. ☐   5. ☐   ⚷

Discriminazione

1. Sentirete due coppie di parole per ogni numero (A e B). Scrivete una ✗
dove sentite due parole uguali.

	A	B
1.	☐	☐
2.	☐	☐
3.	☐	☐
4.	☐	☐
5.	☐	☐

2. Sentirete due parole per ogni numero. Scrivete una ✗ solo dove sentite
due parole uguali.

1. ☐   2. ☐   3. ☐   4. ☐   5. ☐   ⚷

Imitazione

1. Ascoltate le parole guardando le figure.

2. Riascoltate. Fermate la cassetta dopo ogni parola e ripetete in silenzio.

3. Riascoltate le parole e ripetete a voce alta.

4. Ripetete 🔲   1. Il biglietto è nel portafoglio.
     le frasi.   2. La bottiglia è sul foglio.
                    3. L'aglio è sulla tovaglia.

Dialogo 🔲   **Vuoi un consiglio?**

1. Virgilio e Guglielmo   Ciao Guglielmo, come stai?
     s'incontrano per   Eh, diciamo bene, sono molto stanco.
     strada. Ascoltate   Quando vai in vacanza?
     senza guardare   Mah, a luglio.
     il testo.   5   Con la tua famiglia?
                    Sì, con mia moglie, i miei figli e gli amici di
                    mio figlio.
                    Ah, dove andate?
                    Al mare, in Puglia.
        10   Mi sembra che tu non abbia molta voglia.
                    Mah, non posso mai scegliere dove andare.

E chi lo decide?

I miei figli, ma è meglio non parlarne.

Vuoi un consiglio? Partite tu e tua moglie, da soli!

15 Eh, forse sarebbe la cosa migliore.

2. Prima di riascoltare leggete le seguenti domande:

a. Guglielmo non è molto contento di andare al mare. Come sono pronunciate le sillabe accentate della frase alla riga 9? Più alte o più basse? Più lunghe o più brevi?

b. Com'è Virgilio nei confronti di Guglielmo? ⟜●

Riascoltate e leggete il dialogo in silenzio. Risponde alle domande precedenti.

3. Riascoltate il dialogo, fermatevi dopo ogni battuta e ripetete.

4. Leggete il dialogo in coppia (A e B). A: Virgilio, B: Guglielmo.

Intonazione 🔲

1. Ripetete le frasi controllando l'intonazione.

Con la tua famiglia?

1. Con i tuoi figli?
2. Con tua moglie?
3. Con Guglielmo?

2. Ripetete le frasi imitando Guglielmo.

Al mare, in Puglia.

1. Al mare, a raccogliere conchiglie.
2. Al mare, sugli scogli.
3. Al mare, a Ventimiglia.

3. Ripetete le frasi controllando l'intonazione.

Vuoi un consiglio? Partite tu e tua moglie!

1. Vuoi un consiglio? Scegli da solo!
2. Vuoi un consiglio? Svegliati!
3. Vuoi un consiglio? Non fare questo sbaglio!

Suoni e grammatica

1. Trasformate
dal singolare
al plurale

l'amico   *gli amici*

l'orologio
lo sbaglio
l'aereo
l'animale
lo zio
l'occhio

2. Trasformate
le frasi secondo
l'esempio.

Deve partire con la famiglia.
Non ha voglia di partire con la famiglia.

1. Deve svegliarsi presto.
2. Deve mettere il maglione.
3. Deve prendere i bagagli.

3. Trasformate
secondo
l'esempio.

Abiti nuovi.
Voglio comprare degli abiti nuovi!

1. stivali eleganti.
2. zainetti colorati.
3. ombrelli economici.
4. occhiali da sole.

Conversazione

1. Lavorate in coppia (A e B). **A** pone la domanda, **B** risponde in modo
adeguato.

A: Come si chiamano gli abitanti della Svizzera?
B: *Gli svizzeri.*

A	**B**
Spagna	spagnoli
America	americani
Inghilterra	inglesi
Scozia	scozzesi
Svezia	svedesi
Australia	australiani
Austria	austriaci
Argentina	argentini
Estonia	èstoni

Intervallo

Indovinello.

L'insegnante divide gli studenti in due squadre e pone un quesito. Ogni squadra deve rispondere senza guardare il testo e aspettando la fine della formulazione del quesito. Chi risponde prima ha il punto. Se sbaglia passa la mano. La soluzione è una parola che contiene il suono [ʎ].

1. Il plurale di: "il figlio somiglia al padre".
2. Si usa per aprire una porta o una finestra.
3. Sono intorno agli occhi.
4. Le forbici servono per...
5. Viene prima di agosto.
6. Si usa a tavola per pulire la bocca.
7. Circa mille.
8. Ogni vestito ha la sua.
9. L'opposto di "il biglietto è giusto".
10. Il plurale di "sbadiglio".
11. Si usa per cucinare, ha un odore forte, è simile alla cipolla.
12. Non è molto amata e suona al mattino.

Pronuncia e grafia

Il suono [ʎ] nella scrittura è rappresentato da *gli*:
gli, figlio, moglie.

Questo suono, in italiano, è sempre lungo tra vocali:
[*'ʎi] ['fiʎːʎo] ['moʎːʎe]

* indica la maggiore lunghezza del suono all'inizio di parola quando preceduto da parola terminante in vocale.

In alcune parole rare, la scrittura *gli* suona [gl]:
glicine, glicemia, negligente, anglicano.

1. 🔲 Ascoltate e scrivete le parole senza senso.

1. _____ 2. _____ 3. _____
4. _____ 5. _____ 6. _____

2. Leggete le seguenti parole.

    1. [*ʎi]   2. [z'baʎ:ʎo]   3. [z'veʎ:ʎa]   4. [meraviʎ'ʎo:zo]

    5. ['luʎ:ʎo] 6. ['mɛʎ:ʎo]   7. [*'ʃeʎ:ʎere] 8. ['vɔʎ:ʎa]

Ora inserite le parole, scritte in caratteri normali, nelle frasi che seguono.

1. A casa mia ci sono _____ operai, che confusione!
2. Guglielmo arriva in _____, per una vacanza.
3. Un viaggio in America?! _____!!
4. Non fare lo _____ di lasciare la scuola.
5. Vado a letto, purtroppo la _____ suona alle sei.
6. È _____ che tu cambi idea.
7. Vorrei _____ i vestiti da solo/a.
8. Ho _____ di una bibita fresca.   ━●

3. Leggete le coppie di parole e poi inseritele nelle frasi che seguono.

    1. vogliamo [voʎ'ʎa:mo]   2. li taglia [li'taʎ:ʎa]   3. figli ['fiʎ:ʎi]
       voliamo [vo'lja:mo]   l'Italia [li'ta:lja]   fili ['fi:li]

    4. paglia ['paʎ:ʎa]   5. abbagliato [abbaʎ'ʎa:to]
       paia ['pa:ja]   abbaiato [abba'ja:to]

1. Se insisti così tanto perché Luigi si tagli i capelli, vedrai che non _____ mai.
2. Sono davvero stanco/a _____ ormai da molte ore, non vedo l'ora di atterrare.
3. Sono entrati i ladri in casa, hanno rubato tutto, hanno tagliato i _____ del telefono, il cane non ha neanche _____.
4. _____ fare una scommessa, che anche questa volta Carla si dimentica del nostro appuntamento?!
5. È molto tifoso di calcio, ha la macchina piena di bandierine tricolori, di palloni con la scritta "W _____".
6. La passione che avevo per la bicicletta? È stato un fuoco di _____!

7. I miei due _____ non hanno voglia di studiare.

8. Ho preso due _____ di pantaloni a un prezzo bassissimo.

9. Sono stato _____ dalla luce del sole, non vedevo più niente.

4. Unite le parole per formare una parola composta.

1. apri	a). stoviglie	1 *un apribottiglie*
2. lava	b). sveglia	2 *una*
3. radio	c). voglia	3 *una*
4. porta	d). bagagli	4 *un*
5. contro	e). famiglia	5
6. capo	f). bottiglie	6 *un*
7. sciogli	g). lingua	7 *uno*

5. Completate le parole con: 1: *gli,* 2: *lo,* 3: *lli,* 4: *i.*

1. Per cena prepariamo: carne di ma___ale alla gri___a, pasta sfo___a a___ spinaci, crema alla vani___a e tu porta una botti___a di vino rosso, mi raccomando!

2. Perché ti arrabbi e stri___? Non sappiamo ancora se partiremo a lu___o, come facevo a comprare già il bi___etto?!

3. Perché sbadi___ così tanto?
   Questa notte non ho dormito niente, non sono riuscito/a a to___ermi i cattivi pensieri dalla mente, poi quando stavo per addormentarmi il cane del vicino ha cominciato ad abba___are, mi sono sve___ato/a alle 5, era ancora bu___. Meravi___oso, no?

4. Ora ti spiego per fi___ e per segno la strada da fare, vedrai non ti potrai sba___are!

5. Vuoi una pasti___a per il mal di gola? Ti a___uterà a stare me___o.

6. La ta___a forse va bene, ma non mi piace lunga fino alla cavi___a.

Pubblicità 🎚️

1.

a. Ascoltate senza guardare il testo.

b. Che cosa viene pubblicizzato? 1) una catena di negozi 2) un letto.

c. Se non potete rispondere subito, riascoltate.

d. Riascoltando, leggete in silenzio il testo insieme all'attrice cercando di imitarla.

Coin Multistore, quello che sogna la gente sveglia.

No, non così. Coin è un posto affascinante, piacevole. Riprovo.

Coin Multistore, quello che sogna la gente sveglia.

Da Coin si sogna, certo, ma si sceglie ad occhi aperti.

5 *Coin Multistore, quello che sogna la gente sveglia.*

Un momento, da Coin le cose sono di qualità e non sono neanche care.

Coin Multistore, quello che sogna la gente sveglia.

Ecco i negozi Coin: rilassanti, coinvolgenti, un po' complici.

e. Ora riascoltate e leggete il testo, a voce alta, insieme all'attrice. Attenzione all'accento sulle parole, alle pause e all'intonazione.

l, L [l] luna

Per pronunciare questo suono toccate gli alveoli con la punta della lingua. L'aria passa ai lati della lingua. Pronunciate [l] alcune volte. Le corde vocali devono vibrare.

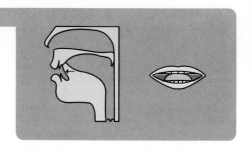

Imitazione

1. Ascoltate le parole guardando le figure.

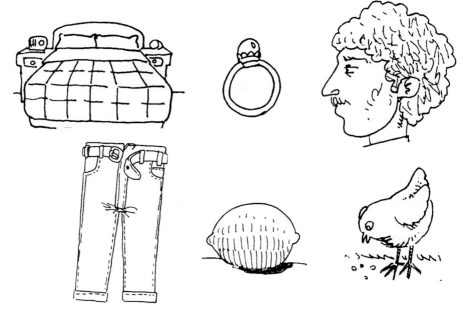

2. Riascoltate. Fermate la cassetta dopo ogni parola e ripetete in silenzio.

3. Riascoltate le parole e ripetete a voce alta.

4. Avete notato che in *pulcino* la /l/ viene pronunciata in modo diverso? Ripetete la parola e controllate la posizione della vostra lingua, deve essere vicino al palato e non toccare gli alveoli, come quando, invece, dite *limone*. Questo succede quando /l/ si trova prima dei suoni [tʃ] e [dʒ], perché ne modificano l'articolazione.
Leggete le parole prima in silenzio, controllando la posizione della lingua e poi, a voce alta.

1. Pulcino.	2. Dal giallo.	3. Dolce.
4. Bel giovane.	5. Al cinema.	6. Il gelato.

Dialogo **Sta' calma, non è colpa mia!**

1. Donatello e Camilla
   vivono insieme.
   Ascoltate senza
   guardare il testo.

Camilla, ecco i tuoi pantaloni.
I miei pantaloni?! Quali pantaloni?
Quelli blu!
Come quelli blu, ma sono giallo limone!
5 Eh, li ho lavati. Pulcino mio, almeno sono
puliti, no?
Puliti?! Qualche volta non ti capisco.
Sta' calma, non è colpa mia!
Ma come, sono diventati anche piccoli,
e anche le calze, che bello!
Mi sa che ho sbagliato qualcosa.
Eh sì, di solito da gialli diventano blu!

2. Riascoltate il dialogo e leggete in silenzio.

3. Riascoltate il dialogo, fermatevi dopo ogni battuta e ripetete.

4. Leggete il dialogo in coppia (A e B). A: Donatella, B: Camilla.

Intonazione

1. Ripetete le frasi
   controllando
   l'intonazione.

Almeno sono puliti, no?

1. Almeno sono gialli, no?
2. Almeno sono eleganti, no?
3. Almeno sono belli, no?

2. Rispondete
   imitando
   Camilla.

Li ho puliti.
Puliti?!
1. Li ho lavati.
2. Li ho allungati.

3. Ripetete
   imitando
   Donatello.

Sta' calma, non è colpa mia!

1. Dai piccola, non è nulla!
2. Ascolta, non è semplice!
3. Lasciami in pace, non è facile!

Accento di parola 🔲

1. Ripetete facendo
attenzione alle parole
in rilievo.

Qualche volta non ti capisco.

1. *Qualche volta* sei più intelligente.
2. *Qualche volta* sei eccezionale.
3. *Qualche volta* sei speciale.

Conversazione

Lavorate in coppia (A e B). **A** dice una frase secondo l'esempio, **B** risponde secondo l'esempio. A risponde a B scegliendo due delle tre possibilità.
Le frasi sono già in ordine.

A: *Ecco i tuoi pantaloni.*
B: *I miei pantaloni?! Quali pantaloni?*
A: *Quelli blu, di lana.*

A
1. il tuo cappello.
2. le tue calze.
3. i tuoi occhiali.
4. la tua bicicletta.
5. il tuo anello.
6. il tuo golf.
7. la tua valigia.

quello piccolo/ caldo/ di velluto.
quelle lunghe/ blu / di lana.
quelli di metallo/ piccoli/ da sole.
quella olandese/ gialla/ pulita.
quello piccolo/ di plastica/ di metallo.
quello di velluto/ di lana / lungo.
quella gialla/ di plastica/ lucida.

Suoni e grammatica

1. Trasformate
dal sostantivo
all'aggettivo.

musica   *musicale*

idea
settimana
autunno
stagione   ➝●

Pronuncia e grafia

Il suono [l] si scrive *l* e *ll* quando il suono è lungo:
male, mille.

1. ▱ Ascoltate le parole senza senso. Sentirete due parole per ogni numero (A e B). Scrivete una ✗ quando il suono è lungo [ll].

	A	**B**
1.	☐	☐
2.	☐	☐
3.	☐	☐
4.	☐	☐
5.	☐	☐

2. Sentirete una parola per ogni numero. Scrivete una ✗ dove sentite il suono lungo [ll].

1. ☐   2. ☐   3. ☐   4. ☐   5. ☐

3. Sentirete tre parole per ogni numero (A, B e C). Segnate con una ✗ le due parole uguali.

	A	**B**	**C**
1.	☐	☐	☐
2.	☐	☐	☐
3.	☐	☐	☐
4.	☐	☐	☐
5.	☐	☐	☐

4. Ascoltate e scrivete le parole senza senso.

1._____ 2. _____ 3. _____

4._____ 5. _____ 6. _____

5. Leggete le parole e dividetele in sillabe, oralmente.

1. [dʒeˈlaːto]   2. [affolˈlaːto]   3. [kaˈpelːli]   4. [ˈnulːla]

5. [kapˈpɛlːlo] 6. [pjaˈtʃeːvole] 7. [tʃokkoˈlaːto] 8. [ˈbalːli]

Ora inserite le parole, scritte in caratteri normali, nelle frasi che seguono.

1. A scuola non fa _____ e non studia mai!

2. Vuoi un _____ ?

Sì, nocciola e _____.

3. È un posto _____, ma in luglio è molto _____.

4. Come sei bella! Hai tagliato i _____?

5. Il tuo _____ è molto elegante!

6. Come _____bene!   ●━●

6. Completate le frasi con: *ultima (4), ultimi, ultimo (3)*.

1. Questa è l'_____ volta che te lo dico: esci da questa casa!

2. All'_____ momento ha deciso di no.

3. La sai l'_____? Claudia ha lasciato gli studi.

4. Ho aspettato fino all'_____, ma non è venuta all'appuntamento.

5. Che bel cappello! È all'_____ moda.

6. Gli _____ tempi, Paolo, non usciva più con nessuno, non so cosa avesse.

7. L'ho letto tutto fino all'_____ pagina.

8. Abita all'_____ piano, ci sono un sacco di scale.

●━●

7. Completate le parole con *l* o *ll*.

1. Po___o con l'insa___ata va bene, ma lo voglio senza cipo___a.

2. Danie___a vive in una be___issima vi___a.

3. Que___a va___igia è picco___a. Cambia___a!

4. L'ane___o che mi ha dato Cami___a è favo___oso.

5. Sei molto pa___ido, stai bene?

6. Che cosa hai avuto da Babbo Nata___e?
   Tanti giocatto___i: una bicicletta, un cava___o a dondo___o, un'automobi___e, poi una scato___a di ciocco___atini.

7. Vieni da so___ o o con i tuoi co___eghi?

8. Mi fa ma___e una spa___a, sono caduto/a giocando a pa___one.

9. Questo maglione con il co___o alto non mi piace.

10. Hai una co___ana splendida, costa molto?
    Non ne ho la più pa___ida idea.   ●━●

43 r, R [r] **rana**

Per pronunciare questo suono fate vibrare la punta della lingua contro gli alveoli e dite [r]. Le corde vocali devono vibrare.

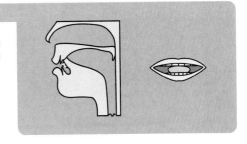

Imitazione

1. Ascoltate le parole guardando le figure.

2. Riascoltate. Fermate la cassetta dopo ogni parola e ripetete in silenzio.

3. Riascoltate le parole e ripetete a voce alta.

4. Avete notato che la /r/ di *Mori* è diversa da quella di *Rosa*? Riascoltate le parole e controllate. La /r/ di *Mori* vibra meno perché è in sillaba non accentata, mentre la /r/ di *Rosa* vibra più, perché è in sillaba accentata.

5. Riascoltate i nomi delle persone e salutate con *"buongiorno"*.

Es.: *Buongiorno sig.ra Mori.*

Dialogo Richiamerò più tardi.

1. Umberto telefona
a casa Marri,
perché vuole parlare
con Marina.
Ascoltate senza
guardare il testo.

Pronto?
Buonasera signora Marri, sono Umberto.
Ciao Umberto, che piacere sentirti.
Sono tornato da pochi giorni...
5 Ah, mi fa piacere.
Signora, c'è, per caso, Marina?
No, Marina è uscita.
Ah, sa quando torna?
Di sicuro, stasera dopo cena.
10 Se non disturbo, richiamerò più tardi.
No, non disturbi. D'accordo Umberto, a più tardi.
Grazie.

2. Ripetete le parole senza guardare il testo.

3. Riascoltate il dialogo, fermatevi dopo ogni battuta di Umberto e ripete-te senza guardate il testo.

4. Riascoltate il dialogo facendo attenzione alle battute di Umberto.

5. Ascoltate. Umberto non parla più, dovete parlare voi con la signora Marri.

Intonazione 🔊

1. Ripetete
le frasi
imitando
Umberto.

Se non disturbo, richiamerò più tardi.

1. Se non disturbo, vorrei sentire Marina.
2. Se non disturbo, torno prima di partire.
3. Se non disturbo, rimango fino a tardi.

Pausa 🔊

1. Ripetete
facendo
attenzione
alla pausa (//).

D'accordo Umberto, // a più tardi.

1. D'accordo Marina, // a venerdì.
2. D'accordo Bruno, // a presto.
3. D'accordo Sara, // certamente.

Suoni e grammatica

1. Trasformate dall'infinito al futuro.

richiamare   *richiamerò*

passare
tornare
arrivare
partire

2. Ripetete le frasi.

Richiamerò stasera.

1. Passerò oggi pomeriggio.
2. Tornerò più tardi.
3. Arriverò in orario.
4. Partirò fra tre giorni.

3. Trasformate le frasi.

Chiamo di nuovo, stasera.
Richiamerò stasera.

1. Domani do, di nuovo, gli esami.
2. Devo fare, di nuovo, quest'esercizio.
3. Devo mettere, di nuovo, a posto.

Conversazione

1. Lavorate in coppia (A e B). **A** pone una domanda, **B** sceglie la risposta adeguata.

A
1. Dove vai a sciare?
2. Dove arriva questo treno?
3. Da dove parti?
4. Dove ti fermi a dormire?
5. Dove hai preso una camera?
6. Dove vorresti studiare?
7. Dove rimani per tre mesi?
8. Dove hai comprato casa?
9. Da dove mi hai scritto?

B
a) a Grosseto.
b) da Trapani.
c) a Brescia.
d) in Trentino.
e) da Ferrara.
f) a Firenze.
g) a Perugia.
h) a Macerata.
i) a Parma.

Dialogo 🔲	**Come vorrei comprare una casa!**

1. Renato e Riccardo
sono in macchina
e stanno parlando.
Ascoltateli senza
guardare il testo.

Ah, come vorrei comprare una casa!
Sai che io ne ho comprata una?
Davvero?
Sì, in periferia, in una zona verde.
5 È grande?
Abbastanza: quattro camere, i servizi, un garage,
un terrazzo grande e un giardino.
Mah, sei diventato ricco, eh?!
No, è stato un vero affare! Sai, uno dei
10 proprietari aveva fretta di vendere, e così...
Che fortuna!
Sì, veramente! Ancora non ci credo.

2. Ripetete le parole senza guardare il testo.

3. Prima di riascoltare il dialogo leggete la domanda che segue:
a. Riccardo alla riga 10 non finisce la frase. Com'è la tonalità della parola *così* (alta, media o bassa)? ➡️●
Riascoltate e leggete il dialogo in silenzio. Rispondete alla domanda precedente.

4. Riascoltate il dialogo, fermatevi dopo ogni battuta e ripetete.

5. Leggete il dialogo in coppia (A e B). A: Renato, B: Riccardo.

Intonazione 🔲

1. Ripetete le frasi
imitando Renato.
La velocità è
lenta.

Ah, come vorrei comprare una casa!

1. Ah, come vorrei comprare un appartamento!
2. Ah, come vorrei comprare un armadio.
3. Ah, come vorrei comprare un frigorifero!

2. Ripetete
le frasi.

Sei diventato ricco, eh?!

1. Sei diventato avaro, eh?!
2. Sei diventato forte, eh?!
3. Sei diventato nervoso, eh?!

3. Ripetete le frasi, rispettando la pausa (//) e la tonalità media dell'ultima parola.

Sai, // uno dei proprietari aveva fretta di di vendere, e così...

1. Sai, // uno dei proprietari aveva fretta di affittare, e così...
2. Sai, // uno dei proprietari aveva fretta di comprare, e così...
3. Sai, // uno dei proprietari aveva fretta di fare un affare, e così...

Conversazione

1. Leggete le parole.

un panino pomodoro e prosciutto   un bicchiere di vino rosso
una birra scura   un bicchiere d'acqua gassata   una crostatina
una birra chiara   una tortina: formaggio e pomodoro   un tè freddo
un caffè corretto   un cornetto   un'aranciata   un caffè freddo
un succo di frutta di pera   una spremuta d'arancia
un amaro   un panino con verdura

2. Lavorate in tre (A, B e C). A e B sono clienti, C è il cameriere.

A chiede: *"Cosa prendi?"*
B risponde scegliendo tra le varie possibilità.
A fa l'ordinazione al cameriere sia per **B** che per sé stesso.
C ripete l'ordinazione lentamente perché sta scrivendo, e poi dice: *"Ora vi servo subito"*.

A: *Cosa prendi?*
B: *Una birra.*
A: *Cameriere, una birra e un amaro, per piacere.*
C: *Sì, una birra e un amaro. Ora vi servo subito.*

3. Lavorate in coppia (A e B). **A** sceglie una delle affermazioni e le dice a **B** che risponde esprimendo il suo accordo, il suo disaccordo o il dubbio attraverso le frasi elencate.

A
1. È più comodo vivere in una casa grande.
2. È meglio prendere in affitto una casa, che comprarne una.
3. È meglio vivere in centro, che in periferia.
4. Vivere in periferia è triste.
5. Una casa in mezzo a un bosco è perfetta.
6. Abitare in centro è più caro.
7. Un appartamento è più sicuro di una casa in campagna.
8. Vivere in campagna è più romantico.
9. Un appartamento a pianoterra è più pratico.
10. Vivere in città è più divertente.

B		
accordo	**disaccordo**	**dubbio**
Sì, è proprio vero.	No, non credo.	Sarà...!
Sì, sono d'accordo.	No, non sono d'accordo.	Può darsi!
Sì, hai veramente ragione.	No, non direi.	Non sono sicuro/a.

Pronuncia e grafia

Il suono [r] è leggermente diverso a seconda che si trovi in sillaba accentata ['ros:so] o in sillaba non accentata ['ma:ɾe], dove, vibra meno. Si possono usare due simboli [r] e [ɾ] per distinguere i due suoni. Provate in tutte le trascrizioni fonetiche del manuale, a identificare [r] o [ɾ].

Nella scrittura i due suoni sono sempre rappresentati da *r*:

rosso, mare.

e quando il suono è lungo ['kor:ɾo] da *rr*:

corro, arrivare.

1. 🔲 Ascoltate le parole senza senso. Sentirete una parola per ogni numero. Scrivete una ✗ dove sentite *r* [r ɾ].

⮕ Attenzione, quindi, la *r* in alcuni casi vibra un po' meno.

1. ☐   2. ☐   3. ☐   4. ☐   5. ☐
6. ☐   7. ☐   8. ☐   9. ☐   10. ☐   ⊶

2. Leggete le parole e dite quali di queste *r* vibra un po' meno.

1. rara   2. vero   3. ruota   4. caro
5. marito   6. rosa   7. tesoro   8. attore   ⟜●

3. Leggete le parole e dividetele in sillabe, oralmente.

1. [pjano'tɛrːra]   2. [er'roːre]   3. [ok'korːre]
4. ['korːrere]   ,   5. [arri'vaːre]   6. [arrab'bjaːre]

Ora scrivete le parole, in caratteri normali, e inseritele nelle frasi che seguono.

1. Marina vive a _____, in un appartamento davvero rumoroso.
2. Ho fatto un _____ a non andare in vacanza, ne avevo veramente bisogno.
3. Che cosa ti _____ per organizzare questa riunione?
4. Se vuoi _____ in orario devi _____, è già tardi.
5. Non ti _____, vedrai tutto andrà bene.

⟜●

4. Completate le parole con *r* o *rr:*

1. Quest'appartamento è t___oppo ca___o anche se è bene a___edato.
2. Non puoi guida___e se sei mino___enne.
3. Se vuoi fare ca___ie___a come chita___ista, devi studiare tanto.
4. P___endi una bi___a?
   Sì, però chia___a.
   Io invece prendo un caffè co___etto.
5. Non mi inte___ompe___e, d'acco___do?
6. Su, so___idi, se c'è sciope___o non puoi anda___e in treno.
7. Vo___ei un cane ma___one, non ne___o.
8. Ve___ò di___ettamente senza chiama___ti, ma ___icò___dati di di___mi dove abiti. Sono senza indi___izzo.

⟜●

Intervallo

1. Partendo dalla parola *rumore* arrivate alla parola *Roma*, usando le parole che hanno attinenza di significato o di forma.

rumore _____ **Roma**

rose, rosso, verde, traffico, giardino, semaforo, amor, fiori.

2. Partendo dalla parola *cornice* arrivate alla parola *birra*, usando le parole che hanno attinenza di significato o di forma.

cornice _____ **birra**

finestre, quadro, pittura, pittore, arte, vetro, porte, bicchieri, parte.

—o

Scioglilingua

1. Ripetete le frasi cinque volte aumentando ogni volta la velocità.

Tigre contro tigre.
Tre tigri contro tre tigri.

44 [l r] luna, rana

Per differenziare questi due suoni dovete ricordare di far vibrare la punta della lingua per [r] e non per [l]. Praticate [l] con l'unità 42. Praticate [r] con l'unità 43.

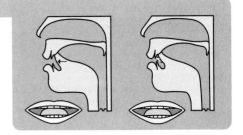

Identificazione

1. Ascoltate le parole senza senso. Sentirete due parole per ogni numero (A e B). Scrivete una ✗ dove sentite [l] come in *luna*.

	A	B
1.	☐	☐
2.	☐	☐
3.	☐	☐
4.	☐	☐
5.	☐	☐

2. Sentirete due parole per ogni numero (A e B). Scrivete una ✗ dove sentite [r] come in *rosa*.

	A	B
1.	☐	☐
2.	☐	☐
3.	☐	☐
4.	☐	☐
5.	☐	☐

3. Sentirete una parola per ogni numero. Scrivete (–) se sentite [l] e (+) se sentite [r].

1. ☐   2. ☐   3. ☐   4. ☐   5. ☐   ⎯●

Discriminazione

1. Sentirete due coppie di parole per ogni numero (A e B). Scrivete una ✗ dove sentite due parole uguali.

	A	B
1.	☐	☐
2.	☐	☐
3.	☐	☐
4.	☐	☐
5.	☐	☐

2. Sentirete due parole per ogni numero. Scrivete una ✗ solo dove sentite due parole uguali.

1. ☐   2. ☐   3. ☐   4. ☐   5. ☐

3. Sentirete una parola per ogni numero. Ogni parola contiene i suoni [l] e [r ɾ]. Se sentite prima [l] e poi [r ɾ] scrivete **A**. Se sentite prima [r ɾ], e poi [l] scrivete B.

Es.: *lavoro* [A]

   parola [B]

1. ☐   2. ☐   3. ☐   4. ☐   5. ☐

4. Ascoltate. Queste sono parole che esistono in italiano.

5. Sentirete tre parole per ogni numero (A, B e C). Segnate con una ✗ le due parole uguali.

	A	B	C
1.	☐	☐	☐
2.	☐	☐	☐
3.	☐	☐	☐
4.	☐	☐	☐
5.	☐	☐	☐

Imitazione 🔲

1.   Ripetete le coppie di parole guardando le figure.

2. Ripetete le parole senza guardare il testo.

1. la lettera	2. il telegramma	3. la raccomandata
4. l'espresso	5. la ricevuta	6. la cartolina

3. Ripetete le frasi senza guardare il testo.

1. Tre lettere posta celere, mi raccomando.
2. Un telegramma per Roma, per cortesia.
3. Una raccomandata, per favore.
4. Un espresso, per piacere.
5. La ricevuta, per favore.
6. Quattro cartoline, per cortesia.
7. Tre francobolli, per piacere.

Conversazione

1. Lavorate in coppia (A e B). **A** pone una domanda secondo l'esempio, **B** risponde secondo l'esempio.

A: *Per chi è la lettera?*
B: *È per Carla.*

A	**B**
1. il telegramma	a. il fratello di Rolando.
2. la raccomandata	b. la sorella di Alberto.
3. l'espresso	c. il marito di Valeria.
4. la ricevuta	d. il padrone di casa.
5. la cartolina	e. il padre di Alfredo.
6. il francobollo	f. la segretaria.

2. Lavorate in coppia (A e B). **A** dice una frase, **B** risponde secondo l'esempio.

A: *Buon lavoro.*
B: *Buon lavoro, anche a lei!*

A

1. Buon lavoro.	2. Buon riposo.	3. Buona colazione.
4. Buon pranzo.	5. Buon pomeriggio.	6. Buona sera.

Dialogo   **Soffro il mal di mare.**

1. Rodolfo vuole convincere il suo amico Leonardo a partire con lui. Ascoltateli senza guardare il testo.

Allora, andiamo all'isola d'Elba?
Quando?
Venerdì.
Eh, sarebbe bello!
5 Perché non vieni?
Come ci vai?
In barca a vela.
Ah!... ma a che ora parti?
Ma non so, non vorrei partire troppo presto.
10 Hmm, mi sono ricordato che purtroppo non sono libero.
Dai! Vengono anche Rina e Lina.
Ma, sai, soffro il mal di mare...
Secondo me, non è vero! Tu hai paura, di' la verità!

2. Ripetete le parole senza guardare il testo.

3. Riascoltate il dialogo e leggete in silenzio.

4. Riascoltate il dialogo, fermatevi dopo ogni battuta e ripetete.

5. Leggete il dialogo in coppia (A e B). A: Rodolfo, B: Leonardo.

Intonazione

1. Ripetete le frasi con gentilezza. La tonalità della frase è alta.

Allora, andiamo all'isola d'Elba?

1. Allora, andiamo in Sicilia?
2. Allora, andiamo in Sardegna?
3. Allora, andiamo al mare?

2. Ripetete le frasi.

Purtroppo non sono libero.

1. Purtroppo soffro il mal di mare.
2. Purtroppo devo dare l'esame.
3. Purtroppo ho mille cose da fare.

3. Ripetete le frasi sorridendo.

Tu hai paura, di' la verità!

1. Tu non ami la barca a vela, di' la verità!
2. Tu sei preoccupato, di' la verità!
3. Tu non sei tranquillo, di' la verità!
4. Tu preferisci rimanere a terra, di' la verità!

4. Ripetete
le frasi.

Non vorrei partire troppo presto.

1. Non vorrei lavorare troppo.
2. Non vorrei dormire fino a tardi.
3. Non vorrei lasciare il lavoro.

Pausa

1. La seconda frase di ogni gruppo è diversa dalla prima anche perché c'è una pausa (//). Le due frasi non hanno lo stesso significato. Ascoltate l'esempio e leggete tutte le frasi.

Non sono andato al mare perché ero stanco.
(In questo caso, non sono andato al mare)
Non sono andato al mare, // perché ero stanco.
(In questo caso, sono andato al mare)

1. Non è venuto con noi perché era stanco.
   Non è venuto con noi, // perché era stanco.

2. Non è arrivato perché sapeva che partivamo.
   Non è arrivato, // perché sapeva che partivamo.

3. Non ha lasciato la barca perché voleva venderla.
   Non ha lasciato la barca, // perché voleva venderla.

Suoni e grammatica

1. Formate
il futuro.

parlare   *parlerò*

lavorare
salutare
pagare
pulire
regalare
andare
rimanere
venire

2. Trasformate
dal sostantivo
all'aggettivo.

inverno   *invernale*

sera
natura
oriente
persona
strada
grammatica
settimana

Suoni e vocabolario

1. Cercate una parola in **B** che sia l'opposto di **A**. Uno studente dice una parola, l'altro studente ne dice una di significato opposto.

A	B
pulito	brutto
lungo	grande
caldo	sporco
bello	freddo
debole	corto
piccolo	forte

2. Lavorate in coppia (A e B). **A** pone la domanda, **B** risponde secondo l'esempio.

   A: *È pulita la camera?*   **B:** *No, non è pulita, è sporca.*

   A
   1. È lungo il film?
   2. È caldo in inverno?
   3. È bello?
   4. È una persona debole?
   5. È il tuo fratello più piccolo?   ⌐●

Intervallo

1. Lavorate in gruppo (A, B, C, D...). **A** dice: *"Vado a fare la spesa che cosa ti compro?"*. **B** (decide se dire una parola che contiene /l/, /r/ o /l/ e /r/ e dice per esempio: *"I limoni"*. **C** ripete la parola di B e aggiunge un altro elemento con lo stesso suono: *"I limoni e le mele"*.
   Uno studente **D** ripete ciò che ha detto C e aggiunge un altro elemento con lo stesso suono. *"I limoni, le mele e l'insalata"*. Si può continuare fino a quando è possibile ricordare la lista di parole.

le arance	il latte	l'acqua minerale
i pompelmi	la marmellata	le mele
i fiori	i tortellini	l'insalata
la frutta	la carta da lettere	i pomodori
i mandarini	tre cartoline	le cipolle
i fiammiferi	il miele	un po' di verdura fresca
la birra	il sale	i limoni
un deodorante	la carne	l'olio
la farina	vino rosso	un quaderno
una crema antirughe	il riso	il burro

2. Qual è la parola estranea. Perché?

Es.: *aereo, ~~treno~~, uccello, zanzara.*
Il treno perché non vola.

1. pulcino, puledro, cavallo, cucciolo.
2. cavallo, leone, salmone, balena.
3. chitarra, pianoforte, tromba, orologio.
4. tre, quattro, tredici, quarantuno.
5. marrone, grigio, blu, limone.
6. limone, arancia, pompelmo, fragola.
7. tigre, leopardo, leone, mulo.

Scioglilingua

Leggete le frasi alcune volte, aumentando ogni volta le velocità. Se sbagliate dovete ricominciare.

1. **Trentatré trentini vennero da Trento,**
   tutti trentatré trotterellando.

2. **Apelle figlio d'Apollo**
   fece una palla di pelle di pollo.
   Tutti i pesci vennero a galla
   per vedere la palla di pelle di pollo,
   fatta da Apelle, figlio d'Apollo.

Pronuncia e grafia

1. 📼 Ascoltate attentamente le parole senza senso e scrivete i suoni che mancano: [r], [ɾ] o [l].

1. ['va ːdo]   2. [u 'maːto]   3. [ka' aː o]   4. [ka' oːto]
5. ['g iːpo]   6. ['f ɛnːno]   7. ['k aːza]   8. ['ku ːko]
9. [k a' iːfe]   10. ['gɔː a e]   11. [bi' uː o]   12. [ma' aː e]

🔑—

2. Leggete le parole e inseritele nelle frasi che seguono.

francobolli, lavoro, libero, libreria, minerale, naturale.

1. È _____ questo posto?
2. Hai comprato i _____ ?
3. Vuoi acqua _____ gassata o _____ ?
4. Vieni con me in _____ ?
5. Vai sempre al _____ così presto? ━●

3. Leggete le parole e inseritele nelle frasi che seguono.

allegra, cartolina, colori, congratulazioni, parlare, tranquillo, volentieri.

1. Sono felice che hai superato tutti gli esami, _____ !
2. Quando la madre di Gabriella comincia a _____ , non si ferma più!
3. Ho ricevuto una _____ di Franco dalla Germania.
4. È una persona molto _____ , esco sempre molto _____ con lei.
5. Sta _____ ! Vedrai che presto riuscirai a pronunciare bene "elle" e "erre".
6. Ho ritirato le fotografie in bianco e nero che ho fatto a Luana, ora ne voglio fare alcune a _____ . ━●

4. Leggete le seguenti parole.

1. ['veːla]	2. ['veːra]	3. ['kolːto]	4. ['korːto]
5. ['maːle]	6. ['maːre]	7. ['palːla]	8. ['parːla]
9. ['pɛlːle]	10. ['pɛrːle]	11. [a'priːle]	12. [a'priːre]

Se non conoscete qualche parola cercate il significato nel dizionario. Ora scrivete le parole, in caratteri normali e inseritele nelle frasi che seguono.

1. Andare in barca a _____ è la mia passione.
2. Probabilmente vado in vacanza al _____ e non in montagna.

3. Ho preso troppo sole, ho la _____ tutta bruciata.

4. Mi ha regalato una collana di _____, è stata una bella sorpresa.

5. Ti prego, _____, di' qualcosa!

6. Credimi, quella che ti racconto è una storia _____.

7. Sono scatole di caramelle, le puoi_____!

8. Questo vestito è troppo _____, non mi piace.

9. È un uomo molto _____ e intelligente.

10. Mi piacerebbe giocare a _____canestro, ma forse non sono abbastanza alto/a!

11. Raffaella non è nata in _____, ma in marzo.

12. Scendi dall'albero, ti puoi far_____.

—●

5. Completate le frasi con 1: *r*, 2: *rr* 3: *l*, 4: *ll*.

1. Mio figlio maggio___e f___equenta la scuo___a supe___io___e e il più picco___o l'e___ementa___e.

2. Vo___ei p___enota___e una came___a.
Singo___a o doppia?
Una singo___a con bagno, mi ___accomando!

3. L'a___t___o ieri siamo andati a una festa di Ca___neva___e, c'e___ano dei do___ci de___iziosi.
Dent___o c'e___a la ma___me___ata di mi___ti___i.

4. Hai cont___o___ato se la ca___te___a è su___a po___t___ona?

5. Sono giù di mo___a___e, io e Rodolfo non facciamo a___t___o che ___itiga___e, è te___ibi___e!

6. Abita in co___so Aldo Moro, vicino alle to___e, c'è un t___affico in-soppo___tabi___e!

—●

6. Completate con: *ultima (3), ultime, ultimo (2), prima, primo (3)*.

1. Fai un _____ sforzo, ormai sei vicino alla laurea.
2. In un _____ momento pensavo che scherzasse, poi ho visto che piangeva sul serio.
3. Oggi salto il _____ e mi prendo invece un dolce.
4. Arriva sempre per _____, che ritardatario!
5. Ho prenotato un posto, purtroppo è in _____ fila, è troppo lontano?
6. Sono sicuro/a che le lezioni cominciano il _____ ottobre.
7. Pensa solo al calcio, lo studio è la sua _____ preoccupazione.
8. Avevi detto che lasciavi Laura, e invece la sposi? Le _____ parole famose!
9. Non lo so chi è. È la _____ volta che lo vedo.
10. Non è ancora detta l'_____ parola, forse alla fine decide di dare l'esame.

7. Completate le frasi con le preposizioni: *con, di (d'), in, per*.

1. Vado _____ vacanza _____ un'amico _____ infanzia, ormai da anni.
2. M'ha regalato un orologio _____ oro _____ il mio compleanno.
3. La bruschetta si fa _____ olio, sale e un po' _____ aglio.
4. Preferisco viaggiare _____ aereo, sono a casa _____ un giorno.
5. Starò _____ Egitto per una settimana, poi torno _____ Italia.
6. Ha parlato _____ ore _____ il direttore, ma non ha risolto il suo problema.

Ora leggete le frasi facendo attenzione alle sillabe che si uniscono tra di loro.

Pubblicità 🔲

a. Ascoltate i due annunci pubblicitari senza guardare il testo.

b. Quali sono i prodotti pubblicizzati?
  1) un club per bambini - una vacanza in nave.
  2) acqua minerale - un medicinale che depura l'organismo.

c. Riascoltate guardando il testo.

d. Riascoltate e scrivete le parole che mancano. Se necessario, riascoltate per finire di completare.

1. *Pronto?*

Non _____!

Mhm, ancora tu?

Ti prego, vieni in vacanza nella mia villa.

5 *Ma io vado in crociera, in una crociera Costa.*

Ma io ho la piscina, il cuoco _____.

Ma io voglio di più.

Posso darti tutto.

Ah, sì eh? Anche un club per i miei bambini e una _____ per

10 *mio marito?*

Bambini, marito?

Una crociera Costa nel _____ è una _____ vacanza

pienissima di _____, tutte _____ a cominciare dal prezzo.

Costa crociere, navighiamo per _____. Chiedete alla vostra

15 *agenzia di viaggi.*

2. *Un _____ragionamento sulla bellezza.*

  1. Più bevete acqua _____Rocchetta la leggera, più fate pi-pì.

  2. Più fate pi-pì, più siete puliti dentro.

  3. Più siete puliti dentro, più siete belli fuori, perché Rocchetta la leggera

5 *depura l'_____, perché _____la ...pi-pì ... diuresi. Visto che*

  è _____!

Acqua Rocchetta: puliti dentro, belli fuori. ➝●

e. Controllate le parole con il testo completo. ━●
Se non conoscete il significato di tutte le parole cercatele nel dizionario.

f. Riascoltate il primo annuncio, leggetelo a voce alta in tre (**A**: la donna, **B**: l'uomo, **C**: il secondo uomo). Cercate di imitare l'intonazione, l'accento sulle parole, le pause.

g. Riascoltate il secondo annuncio, leggetelo a voce alta insieme all'attore.

Dialogo Dai sbrìgati!

1. Ascoltate
senza guardare
il testo.

Dai sbrìgati! Il treno parte tra poco.
Aspetta, devo controllare se ho preso le fotografie.

Intonazione

1. Ripetete
le frasi.

Dai sbrìgati!

1. Dai entra!
2. Dai sdraiati!
3. Dai scrivi!

2. Ripetete
le frasi.

Il treno parte tra poco.

1. Il controllore è sul treno.
2. C'è troppa gente sul treno.
3. Stiamo troppo stretti.

3. Ripetete
le frasi.

Devo controllare se ho preso le fotografie.

1. Devo controllare se il prezzo è giusto.
2. Devo controllare se ho registrato il programma!
3. Devo controllare se ho chiuso le finestre.

Imitazione

1. Ascoltate le parole guardando le figure.

2. Riascoltate. Fermate la cassetta dopo ogni parola e ripetete in silenzio.

3. Riascoltate le parole e ripetete a voce alta.

Dialogo   **Incredibile, che disgraziati!**

1. Fabrizio e Sandra
sono al bar.
Ascoltateli senza
guardare il testo.

Che disastro ieri sulla strada per Mestre!
L'ho letto sul giornale, ero così preoccupata per te.
Purtroppo sono morte quattro persone.
Tremendo!
5 E tre feriti gravi!
Ma com'è successo, c'era la nebbia?
No, ma era brutto tempo, la strada era stretta, c'era
un incrocio...
Mah, è probabile che qualcuno sia stato imprudente.
10 Probabilmente sì, la velocità era eccessiva, oltre
i cento chilometri all'ora!
Incredibile, che disgraziati!
Ah, che impressione! Sembrava di essere all'inferno.
Sono stato fortunato a riuscire a frenare in tempo!
15 Che strizza, ma pioveva molto forte?
Sì, è cominciato a piovere all'improvviso, poi
grandinava e in più era l'ora del tramonto.
Immagino che ti sentirai distrutto.
Già, spero proprio di riuscire a dimenticare presto
20 quell'orrore.

2. Ripetete le parole senza guardare il testo.

3. Riascoltate il dialogo e leggete in silenzio. La parola *strizza* si usa solo
nell'italiano parlato colloquiale e vuol dire *paura*.

4. Riascoltate il dialogo, fermatevi dopo ogni battuta e ripetete.

5. Leggete il dialogo in coppia (A e B). A: Fabrizio, B: Sandra.

Intonazione

1. Ripetete le frasi
controllando
la tonalità e
la velocità
di tutta la frase.

Che disastro ieri sulla strada per Mestre!

1. Che brutta esperienza ieri sull'autostrada!
2. Che incidente grave ieri sulla strada per Mestre!
3. Che imprudenza ieri sulla strada statale!

2. Ripetete
le frasi
controllando
l'intonazione.

Era brutto tempo, la strada era stretta, c'era un incrocio...

1. Era brutto tempo, grandinava, era l'ora del tramonto...
2. È cominciato a piovere all'improvviso, non c'era luce, era tardi...
3. C'era un incrocio, avevamo fretta, ero distratto...
4. Era pericoloso, era complicato, c'era tanto traffico...

3. Ripetete
le frasi
imitando
Fabrizio
che è triste.

Spero proprio di riuscire a dimenticare quell'orrore.

1. Spero proprio di riuscire a risolvere il problema.
2. Spero proprio di trascorrere una serata piacevole.
3. Spero proprio di sbrigarmi con il lavoro.

4. Leggete le frasi con un'intonazione diversa a seconda di due diversi stati d'animo.

1. Tremendo!
2. Incredibile!
3. Clamoroso!
4. Sono distrutto!
5. È complicato!

1. Splendido!
2. Straordinario!
3. Semplice!
4. Incredibile!

Accento di parola

1. Ripetete
controllando
le parole
in rilievo.

Ah, che impressione!

1. Ah, *che tristezza!*
2. Ah, *che sacrificio!*
3. Ah, *che imprudenza!*
4. Ah, *che disgraziati!*
5. Ah, *che strizza!*

Suoni e vocabolario

1. Cercate una parola
in B che sia l'opposto
di A. Uno studente
dice una parola, un altro
studente ne dice una
di significato opposto.

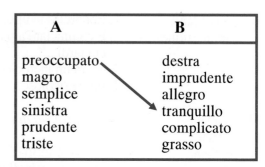

A	B
preoccupato	destra
magro	imprudente
semplice	allegro
sinistra	tranquillo
prudente	complicato
triste	grasso

Suoni e grammatica

1. Collegate le frasi di sinistra con quelle di destra. C'è più di una possibilità.

È probabile che   *qualcuno sia stato imprudente.*

1. Preferisco che   a. sia più pratico prenotare un posto in treno.

2. Pretendo che   b. molti siano dei disgraziati.
3. Ho paura che   c. Carla sia d'accordo con me.
4. Credo che   d. lui si sbrighi.
5. È improbabile che   e. sia molto preoccupata.
6. È impossibile che   f. prendano il treno.
7. Sembra che   g. Franco rientri entro la sera.

Pronuncia e grafia

1.   Ascoltate e scrivete le parole senza senso.

1. _____ 2. _____ 3. _____

4. _____ 5. _____ 6. _____

7. _____ 8. _____ 9. _____

2. Completate le frasi con le parole che seguono.

integrale, gratuito, grattugiato, sacrificio, coccodrillo, grammatica, ingrassato/a, dimagrire, crudo, macrobiotici.

1. Sto facendo una dieta per _____, ma al contrario sono

   _____.

2. Per diventare magro, devi fare qualche _____. Tu sei troppo

   pigro.

3. Prima commetti gli errori e poi vieni da me a piangere lacrime di

   _____.

4. Pane _____ e prosciutto _____ per me vanno benissimo, grazie!

5. Il programma di _____ è troppo difficile.

6. Signora, il parmigiano lo vuole _____?

   Sì, grazie.

7. Non ti preoccupare per i soldi, l'ingresso allo spettacolo è

   _____.

8. Perché critichi chi mangia cibi _____?   ━●

3. Completate le frasi con le parole che seguono.

palestra, incredibile, completamente, sdraiato, sprecato, stringere, strappato, disastro, sorpresa.

1. Che bella _____! Alessandro è venuto a trovarmi, non lo vedevo da quattro anni.

2. Ho fatto cadere il registratore dalla scrivania, che _____! Si è

   distrutto _____.

3. _____! È entrato in casa senza salutare, si è _____ sul

   mio divano a sgranocchiare noccioline, senza dire nemmeno una parola.

4. Parlare con te è inutile e, oltre tutto, è tempo _____.

5. Ho _____ tutte le sue fotografie, non riuscivo più a guardarle.

6. Questo vestito è strano e poi è troppo largo, lo voglio _____.

━●

Modi di dire

1. Leggete i seguenti modi di dire e inseriteli nelle frasi che seguono.

ne ho fin sopra i capelli   sono al verde   ti ho preso in parola
senz'ombra di dubbio   sono caduto/a dalla padella alla brace
spremuto come un limone   non credevo ai miei occhi
neanche per scherzo

1. _____ è una persona straordinaria.

2. Hai   promesso   che   in   settembre   andremo   in   vacanza   io
   _____, ricordati, eh!

3. Dopo avermi _____ mi ha detto che non servivo più.

4. Il mio lavoro è troppo stressante _____.

5. Vuoi bruciare le nostre lettere? Non lo dire _____!

6. _____, il mio compagno stava prendendo in giro il professore.

7. Ho   cambiato   lavoro,   credevo   di   stare   meglio   invece
   _____.

8. Ti ringrazio ma non posso venire a Stromboli in aereo, costa troppo e io
   _____.

Pubblicità

a. Ascoltate i tre annunci senza guardare il testo.

b. Quali sono i prodotti pubblicizzati? Se non potete rispondere subito,
   riascoltate.
   1) un prodotto per mantenere bene la lavatrice - un nuovo modello di
   lavatrice.
   2) una televisione completa di videoregistratore - un videoregistratore
   ad alta tecnologia.
   3) un libro che parla di viaggi - un libro che contiene le carte stradali.

c. Riascoltate l'annuncio n. 1 guardando il testo.

d. Riascoltate e scrivete le parole che mancano. Se necessario, riascoltate
   per finire di completare.

1. *Cosa?! Così cara la riparazione della* _____ *?! Ma è*
_____ *!*

   Eh, mi dispiace, signora, ma la serpentina era piena di _____ *!*

   Guardi! Il _____ *non viene via neanche a* _____ *col cac-*

5 *ciavite. Vede invece com'è una serpentina nuova?*

   Ma si potrà pur far qualcosa contro il _____ *?*

   Certo! Aggiungere Calfort a ogni _____ *come consigliano le mi-*

   gliori marche di _____ *! Con Calfort il* _____ *non riesce*

   ad _____ *.*

10 *La* _____ *vive più a lungo con Calfort!*

e. Controllate le parole con il testo completo. Se non conoscete il significato di tutte le parole cercatele nel dizionario. ▬●

f. Riascoltate, leggete l'annuncio a voce alta in tre (**A**: la donna, **B**: l'uomo, **C**: legge l'ultima riga, cantando). Cercate di imitare l'intonazione,
l'accento sulle parole, le pause.

g. Riascoltate l'annuncio n. 2 guardando il testo.

h. Riascoltate e scrivete le parole che mancano. Se necessario, riascoltate
per finire di completare.

2. *Sai che si sono messi insieme?*

   Ma dai? Eh, fanno coppia fissa?

   Già, sono davvero fatti l'uno per l'altro.

   Che bello! Ora tutto è più semplice senza _____ *.*

5 *È proprio una bella combinazione.*

   Philips inventa per te Combi: televisore e _____ *finalmente insieme*

   in un unico _____ *. L'alta tecnologia più semplice e*

   _____ *.*

   E adesso, chi decide se guardare la TV, o il _____ *?*

10 *Philips Combi, la TV con il video in più.*

i. Controllate le parole con il testo completo. Se non riconoscete il significato di tutte le parole cercatele nel dizionario. ▬●

l. Riascoltate, leggete l'annuncio a voce alta in tre (**A**: la 1ª donna, **B**: la 2ª donna, **C**: l'uomo). Cercate di imitare l'intonazione, l'accento sulle parole, le pause.

m. Riascoltate l'annuncio n. 3 guardando il testo.

n. Riascoltate e scrivete le parole che mancano. Se necessario, riascoltate per finire di completare.

3. *Su ogni strada per viaggiare sicuro ed informato usa il Nuovissimo Atlante*

_____*d'Italia del Touring.*

_____*, completo, dettagliato.*

Con tutte le nuove _____*, strade, distanze.*

⁵ *Chiedi in libreria il Nuovissimo Atlante* _____*d'Italia del Tou-*

ring.

o. Controllate le parole con il testo completo. Se non conoscete il significato di tutte le parole cercatele nel dizionario. ━●

p. Riascoltate, leggete l'annuncio a voce alta insieme agli attori. Cercate di imitare l'intonazione, l'accento sulle parole, le pause.

46

gn, Gn [ɲ] **gnomo**

Per pronunciare questo suono toccate il palato con il dorso della lingua, la punta della lingua è rivolta verso il basso. Le labbra sono distese. L'aria passa attraverso il naso. Pronunciate [ɲ], le corde vocali devono vibrare.

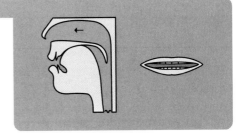

Identificazione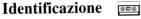

1. Ascoltate le parole senza senso. Sentirete due parole per ogni numero (A e B). Scrivete una ✗ dove sentite [ɲ] come in *gnomo*.

	A	B
1.	☐	☐
2.	☐	☐
3.	☐	☐
4.	☐	☐
5.	☐	☐

2. Sentirete una parola per ogni numero. Scrivete una ✗ quando sentite [ɲ].

1. ☐   2. ☐   3. ☐   4. ☐   5. ☐   ━●

Discriminazione 🔲

1. Sentirete due coppie di parole per ogni numero (A e B). Scrivete una ✗ dove sentite due parole uguali.

	A	B
1.	☐	☐
2.	☐	☐
3.	☐	☐
4.	☐	☐
5.	☐	☐

2. Sentirete due parole per ogni numero. Scrivete una ✗ dove sentite due parole uguali.

1. ☐   2. ☐   3. ☐   4. ☐   5. ☐   ━●

Imitazione 🔊📼

1. Ascoltate le parole guardando le figure.

2. Riascoltate. Fermate la cassetta dopo ogni parola e ripetete in silenzio.

3. Riascoltate le parole e ripetete a voce alta.

Dialogo 🔊📼   **Perché non mi accompagni?**

1. Ignazio e Agnese sono al ristorante e stanno parlando. Ascoltateli senza guardare il testo.

Voglio tornare in montagna, ne sento il bisogno!
Eh sì, svegliarsi e sentire l'odore della legna.
E delle castagne sul fuoco.
Dell'erba bagnata...
5   E della grappa alle prugne.
Ah, le pigne nel bosco...
Gli gnocchi sul piatto.
Ogni volta, mi aspetto d'incontrare gli gnomi...
Mi piacerebbe andarci in compagnia.
10   Per me la vita in montagna è sognare...
Perché non mi accompagni? Così mentre tu sogni, io mangio!

2. Ripetete le parole senza guardare il testo.

3. Riascoltate il dialogo e leggete in silenzio.

4. Ascoltate il dialogo, fermatevi dopo ogni battuta e ripetete. Agnese sogna una vacanza in montagna. Fate attenzione all'intonazione delle sue frasi.

5. Leggete il dialogo in coppia (A e B). A: Ignazio, B: Agnese.

Intonazione 🔲

1. Ripetete le frasi controllando l'intonazione.

Mangi lasagne o gnocchi?

1. Vai in montagna o in campagna?
2. Bevi cognac o grappa alle prugne?
3. Vai in Sardegna o in Spagna?

Pausa 🔲

1. Ripetete le frasi facendo attenzione alla pausa (//).

Mentre tu sogni, // io mangio!

1. Mentre tu raccogli la legna, // io mangio le lasagne!
2. Mentre tu raccogli le pigne, // io mangio le castagne!
3. Mentre tu disegni, // io bevo cognac!

Suoni e grammatica

1. Trasformate le frasi sostituendo "tutti/e + articolo" con "ogni".

Tutte le volte incontro gli gnomi.
Ogni volta incontro gli gnomi.

1. Tutte le estati vado in montagna.
2. Faccio un bel sogno tutte le notti.
3. Tutti gli inverni compra la legna.
4. Tutte le mattine consegna la posta.
5. Va in campagna tutti i giorni.
6. Faccio un bagno tutte le sere.

2. Trasformate le frasi.

Sognano di vivere in montagna.
Ognuno di loro sogna di vivere in montagna.

1. Vanno in montagna in giugno.
2. Comprano la legna per l'inverno.
3. Hanno paura dei ragni.
4. Partono per Lignano.

Conversazione

1. Lavorate in coppia (A e B). **A** legge una frase. **B** sceglie la risposta adeguata.

A
1. Ho bisogno di vacanze.
2. Ho bisogno di guadagnare.
3. Ho bisogno di sognare.
4. Ho bisogno di una lavagna.
5. Ho bisogno di un bagno.
6. Ho bisogno di un falegname.
7. Ho bisogno di un insegnante.
8. Ho bisogno di studiare
   in compagnia.

B
a. Signora/e, mi dispiace deve insegnare.
b. Signora/e, è una vergogna ma non c'è.
c. Signora/e, le do un assegno.
d. Signora/e, è segno che è stanca/o.
e. Signora/e, si deve ingegnare da sola/o.
f. Signora/e, c'è solo un ingegnere.
g. Signora/e, la capisco anch'io sogno spesso.
h. Signora/e, qui ognuno studia
   da solo.

Intervallo

Indovinello.

L'insegnante divide gli studenti in due squadre e pone un quesito.
Ogni squadra deve rispondere senza guardare il testo e aspettando la fine
della formulazione del quesito. Chi risponde prima ha il punto. Se sbaglia
passa la mano. La soluzione è una parola che contiene il suono [ɲ].

1. Sono fatti con le patate e si mangiano come primo piatto.
2. Plurale di "pugno".
3. Viene detto insieme al nome.
4. Si usano per pagare, ma non sono banconote.
5. Ci si va a sciare.
6. Il contrario di "la legna è asciutta".
7. Serve per fare il fuoco.
8. Lavora il legno.
9. Si fanno dormendo, ma anche a occhi aperti.
10. Viene dopo maggio e prima di luglio.
11. Gli abitanti della Spagna.
12. Il contrario di "accendere la luce".

━●

Pronuncia e grafia

Il suono [ɲ] nella scrittura è rappresentato da *gn*:

legno, ogni.

Il suono [ɲ] in italiano è sempre lungo tra vocali:

[*ˈɲɔːmo]   [ˈleɲːɲo]

* indica la maggiore lunghezza del suono all'inizio di parola, quando preceduto da parola terminante in vocale [loɲˈɲɔːmo].

1. 🖭 Ascoltate e scrivete le parole senza senso.

1._____ 2._____ 3._____

4._____ 5._____ 6._____

2. Leggete le seguenti parole e dividete in sillabe, oralmente.

1. [siɲɲoˈriːna]   2. [siɲˈɲiːfika]   3. [akkompaɲˈɲaːre]

4. [komˈpaɲːɲo]   5. [sˈpeɲːɲere]   6. [inseɲˈɲanːte]

Ora inserite le parole, scritte in caratteri normali, nelle frasi che seguono.

1. Ignazio è stato mio _____ di scuola a Bologna.

2. Se vuoi conoscere il significato delle parole, chiedilo al-
   l'_____.

3. Che cosa _____ "gnomo" in italiano?

4. Ti posso _____ io a lezione.

5. Puoi consegnare il pacco alla _____, allo sportello.

6. Scusa, puoi _____ la TV?

3. Completate le parole con 1: *n* 2: *ni* 3: *gn* 4: *gni*.

1. Vivi a Cagliari, in Sarde___a?

   No, a Sorrento, in Campa___a.

2. È un pi___olo terribile, controlla che o___i piccola cosa sia in
   ordi___e.

3. Non ti dico più ____ente, ormai sono rasse____ato/a.

4. A____ese, perché non prendi un cane? Ti farebbe compa____a.

5. Il suo so____o è diventare inge____ere, ma non si impe____a abbastanza.

6. Si crede un ge____o e di poter ottenere tutto quello che desidera, vedrai che alla fine rimarrà con un pu____o di mosche.

7. Cenerentola non viveva con sua madre, ma con la sua matri____a.

8. Sei tutto/a ba____ato/a?
Sono caduto/a nella vasca da ba____o.

9. Se____a tutti gli errori con la penna rossa, e poi scrivili alla lava____a!

10. Il co____ato è il fratello di mio marito o il marito di mia sorella?

47 n, N [n] **nave**

Per pronunciare questo suono toccate gli alveoli con la punta della lingua. L'aria passa attraverso il naso. Pronunciate [n] alcune volte. Le corde vocali devono vibrare.

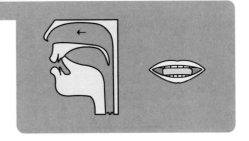

Imitazione 🎞

1. Ascoltate le parole guardando le figure.

2. Riascoltate. Fermate la cassetta dopo ogni parola e ripetete in silenzio.

3. Riascoltate le parole e ripetete a voce alta.

4. Avete notato che nelle parole *inverno, angelo, unghia* la /n/ ha una pronuncia diversa? Ripetete le parole e controllate la posizione della vostra lingua, non deve toccare gli alveoli. Dipende dai suoni [v dʒ g] che si trovano subito dopo e che modificano l'articolazione di /n/. Questo avviene anche con i suoni [f tʃ k].
Prima di [f v], /n/ ha la stessa articolazione di [f v]. Prima di [tʃ dʒ], /n/ ha la stessa articolazione di [tʃ dʒ]. Prima di [k g], /n/ ha la stessa articolazione di [k g]. Leggete le parole prima in silenzio, controllando la posizione delle labbra e della lingua e poi, a voce alta: *inferno, inverno, vincere, angelo, ancora, unghia.*

Dialogo   **S'è sposato con Anna?**

1. Raimondo e Antonio
  sono in treno
  e stanno parlando.
  Ascoltateli senza
  guardare il testo.   5

Sai chi ho incontrato, andando a Trento?
Eh?
Armando!
Ma, veramente? È tantissimo tempo che non lo vedo.
Anch'io, non lo vedevo da almeno una decina
d'anni.
E che fa di bello?
È ingegnere.
Ah, e dove andava?

10 Stava andando in vacanza.
Te l'ha detto se s'è sposato, poi, con Anna?
No, e non ho avuto il coraggio di chiederglielo.
Una volta era come un fratello per te.
Eh, già, infatti.

15 E non ti ha detto dove vive?
Sì, a Genova e mi ha chiesto di andarlo a trovare,
un giorno.
Ti ha invitato?! Se me lo dici vengo con te.
Non so... se c'andrò.

20 Non vuoi rischiare di vedere Anna. Ancora non
l'hai dimenticata, non è vero?
No, no, non ho problemi... mah, a essere sincero,
non ne sono sicuro.

2. Riascoltate il dialogo e leggete in silenzio.

3. Ascoltate il dialogo, fermatevi dopo ogni battuta e ripetete.

4. Leggete il dialogo in coppia (A e B). A: Raimondo, B: Antonio.

5. Ripetete le frasi controllando i diversi modi di pronunciare /n/.

n + [f v] = [ɱ]	n + [tʃ dʒ] = [ɲ]	n + [k g] = [ŋ]
1. Era come **un f**ratello.	1. Vive **in ce**ntro.	1. A**nc**ora non l'hai dimenticata.
2. **In v**acanza.	2. È i**ng**egnere.	2. Ve**ng**o con te.
3. Non ho i**nf**ormazioni.	3. Sono si**nc**ero.	3. È un i**nc**ubo.
4. Ti ha i**nv**itato.	4. **Un g**iorno piangeva.	4. È una storia lu**ng**a.

Intonazione

1. Ripetete
le frasi
controllando
l'intonazione.

Sai chi ho incontrato, andando a Trento?

1. Sai chi ho incontrato, lavorando a Napoli?
2. Sai chi ho incontrato, studiando in biblioteca?
3. Sai chi ho incontrato, facendo quel lavoro?

2. Ripetete
le frasi
imitando
Antonio.

Ancora non l'hai dimenticata, non è vero?

1. È una storia lunga, non è vero?
2. È stato ingiusto, non è vero?
3. Ti manca molto, non è vero?

Unione di sillabe

1. Ripetete le frasi
imitando Raimondo
e facendo attenzione
all'unione delle sillabe.

No, non ho avuto il coraggio.

1. No, non ho avuto notizie.
2. No, non ho niente da dire.
3. No, non è tornata con noi.

Accento di parola

1. Ripetete le frasi
facendo attenzione
alla parola in
rilievo e all'unione
delle sillabe.

*No, no, **non ho** problemi.*

1. No, no, *non è* sposato con Anna.
2. No, no, *non ho* parlato con lei.
3. No, no, *non è* tornata con Elena.

Suoni e vocabolario

1. Rispondete
secondo
l'esempio.

È felice?
No, è infelice.

1. È soddisfatto?
2. È giusto?
3. È utile?
4. È ospitale?
5. È fedele?
6. È sensibile?

Suoni e grammatica

1. Trasformate
dal singolare
al plurale.

pettine   *pettini*

rondine
limone
pallone
canzone
anno

2. Trasformate
dal singolare
al plurale.

canto   *canti*

lento
divertimento
attento
profondo
biondo
stupendo

3. Trasformate
dall'aggettivo
all'avverbio.

felice   *felicemente*

dolce
naturale
normale
sereno

4. Trasformate
secondo
l'esempio.

andare   *stava andando*

cantare
contare
mandare
ripetere
cadere
finire

Pronuncia e grafia

Il suono [n] si scrive n e *nn* quando il suono è lungo:
nove, nonno.

1. ☷ Ascoltate le parole senza senso. Sentirete due parole per ogni numero (A e B). Scrivete una ✘ quando il suono è lungo [nn].

   A   **B**
1.❑   ❑
2.❑   ❑
3.❑   ❑
4.❑   ❑
5.❑   ❑

2. Sentirete una parola per ogni numero. Scrivete una ✘ dove sentite il suono lungo [nn].

1. ❑   2. ❑   3. ❑   4. ❑   5. ❑

3. Ascoltate e scrivete le parole senza senso.

1. _____   2. _____   3._____

4. _____   5. _____   6._____

—●

4. Leggete le seguenti parole e inseritele nelle frasi che seguono.

penna, autunno, nonna, donna, anni, sonno.

1. La _____ di Lino ha cent'anni, undici figli, trentuno nipoti e nove bisnipoti.
2. Torneranno in _____, quando ricomincia la scuola.
3. Sono due _____ che dice che verrà a Capodanno, ma non l'ha ancora fatto.
4. Attento, se hai _____ non prendere la macchina.
5. È un insegnante uomo o _____, quello di fonetica?
6. Ho perso la _____ che mi aveva regalato mio nonno per il compleanno, mi raccomando non glielo dire.

—●

5. Trasformate le parole e inseritele nelle frasi che seguono.

porterò _*porteranno*_   do _*danno*_

sarò _____   faccio _____

tornerò _____   so _____

metterò _____   sto _____

andrò _____   vado _____

1. _____ almeno due anni che non viene in palestra.
2. Vedrai che tutti _____ dalle vacanze domani, ne sono sicuro/a.
3. Se _____ che sei in città, ti invitano di sicuro a casa loro.
4. Che noia! _____ al mare sempre nello stesso posto e nella stessa pensione, ormai da anni.
5. Si _____ per sposare, sono così innamorati!
6. Se _____ in vacanza insieme, sono sicuro/a che uno dei due torna prima.
7. Lo sai che domani _____ a casa la televisione nuova?
8. _____ il telefono soltanto tra un anno, stupendo, no?!
9. Non mi _____ mai ragione specialmente se sanno di avere torto.
10. Che cosa _____ i tuoi figli?
Stanno cercando lavoro.

—o

Accento

1. Trasformate dal singolare al plurale.

àbita	*àbitano*	
èduca		lìtiga
bróntola		màstica
consìdera		illùmino
òspita		pròvoca

—o

2. Leggete le seguenti frasi, facendo attenzione alla posizione dell'accento.

1. Elena e Stefano sono molto gentili, ospitano in casa tutti gli amici che glielo chiedono.
2. Massimo prima litiga con tutti, poi gli altri litigano tra di loro.
3. Non è possibile che tu dica che loro educano male i loro figli, solo perché masticano a bocca aperta.
4. Se non elimino tutti gli alimenti che mi provocano il mal di stomaco non posso pretendere di stare bene.
5. Abita a Rimini, ma vorrebbe abitare in una città in collina.
6. Io illumino qui, tu cerca bene dietro l'angolo.

Lettura - *Lo spaventapasseri*

1. 🔲 Ascoltate il racconto senza guardare il testo.

Gonario era l'ultimo di sette fratellini. I suoi genitori non avevano soldi per mandarlo a scuola, così lo mandarono a lavorare in campagna.
Gonario doveva fare lo spaventapasseri, per tenere lontani gli uccelli dai campi. Ogni mattina gli davano un po' di polvere esplosiva e Gonario, per ore e ore, faceva su e giù per i campi, e ogni tanto si fermava e dava fuoco a un po' di polvere. L'esplosione spaventava gli uccelli che fuggivano, temendo i cacciatori.

Una volta la giacca di Gonario prese fuoco, e se il bambino non fosse stato svelto a entrare nell'acqua del fiume certamente sarebbe morto tra le fiamme. Il suo tuffo spaventò le rane, i grilli e le cicale che smisero per un attimo di cantare. Ma il più spaventato di tutti era lui, Gonario, e piangeva tutto solo in riva al fiume, bagnato come un brutto anatroccolo, piccolo, stracciato e affamato. Piangeva così disperatamente che i passeri si fermarono su un albero a guardarlo, e cantavano per consolarlo.
Ma i passeri non possono consolare uno spaventapasseri. Questa storia è accaduta in Sardegna.

adattato da *"Lo spaventapasseri"* di G. Rodari, Einaudi, 1962.

2. Riascoltate il racconto e leggete in silenzio.

3. Riascoltate il racconto e leggete a voce alta insieme alla voce della cassetta.

4. Leggete il brano a voce alta.

m, M [m] mano

Per pronunciare questo suono chiudete bene le labbra e bloccate il passaggio dell'aria verso l'esterno. Fate uscire l'aria dal naso. Le corde vocali devono vibrare.

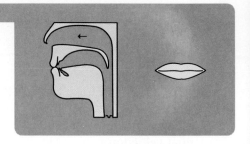

Imitazione 🔲

1. Ascoltate le parole guardando le figure.

2. Riascoltate. Fermate la cassetta dopo ogni parola e ripetete in silenzio.

3. Riascoltate le parole e ripetete a voce alta.

Dialogo 🔲   **Mamma mia, smettila!**

1. Emma e Massimo sono amici. Ascoltateli senza guardare il testo.

       Massimo, sei pronto?
Sì, un momento!
Massimo, Dio mio, ancora dormi, non è possibile!
5   Mhm, ma è domenica!
Come, è domenica? Nemmeno oggi... tu mi fai impazzire!
Calma, mica cominciano senza di me!

Mhm! Insomma, vuoi camminare più svelto?

10 Mamma mia, smettila ! Mi metti l'agitazione.
Io ti metto... tu non cambi mai. La colpa è la mia che ti accompagno.
Che dramma fai, sembra...
Sembra, cosa? Stammi a sentire! È una mia impressione, o stiamo
andando al tuo matrimonio?

2. Prima di riascoltare leggete le seguenti domande:
a. Emma pronuncia *"tu mi fai impazzire"* (riga 6) con un accento maggiore su tutte le sillabe. Che cosa esprime?
b. Che cosa esprime Emma con *"Mhm!"* (riga 9)? ━●
Rispondete alle domande precedenti.

3. Riascoltate il dialogo, fermatevi dopo ogni battuta e ripetete.

4. Leggete il dialogo in coppia (A e B). A: Emma, B: Massimo.

Intonazione

1. Ripetete le frasi
imitando Emma.

Tu mi fai impazzire!

1. Tu sei sempre in ritardo!
2. Tu sei un bambino!
3. Tu sei abituato male!

2. Ripetete le frasi
imitando Emma.

Mhm! Insomma, vuoi camminare più svelto?

1. Mhm! Insomma, vuoi dormire di meno?
2. Mhm! Insomma, vuoi cominciare?
3. Mhm! Insomma, vuoi accompagnarmi?

3. Formate le frasi
secondo l'esempio.

addormentato
Sembri sempre addormentato.

1. un bambino
2. smemorato
3. senza problemi
4. molto calma
5. al massimo della forma

Accento di parola 🔲

1. Ripetete le frasi facendo attenzione alle parole in rilievo.

*Mamma mia, **smettila**! Mi **metti** l'agitazione.*

1. Mamma mia, *un momento*! Che dramma fai.
2. Mamma mia, *un attimo*! Sei sempre *la solita*.
3. Mamma mia, *un minuto*! Non *cambi* mai.

Suoni e grammatica

1. La parola *mica* è molto frequente nell'italiano parlato colloquiale. Trasformate le frasi secondo l'esempio.

Calma, non cominciano senza di me!
Calma, mica cominciano senza di me!

1. Calma, non dormo la domenica mattina!
2. Calma, non immaginavo tutta questa fretta!
3. Calma, non sapevo che mi accompagnavi tu!

2. Ma si può anche dire: *Calma, non cominciano mica senza di me!* Leggete le frasi dell'esercizio precedente e trasformatele in questo modo.

3. Trasformate le parole aggiungendo il prefisso *im-*

possibile   *impossibile*

maturo
personale
paziente
mobile   ⚷

Suoni e vocabolario

Ricordate *"Mhm! Ma è domenica!"* del dialogo?

Il suono *mhm*, in italiano, pronunciato in vari modi, può assumere diversi significati. Vediamone alcuni:

1. *hmm! sarà!* (dubbio)
2. *hmhm, che buona!* (compiacimento)
3. *mhm, che rabbia!* (impazienza non espressa)
4. *mh? come?* (mancata comprensione)
5. *hm, ci vengo.* (sì)

1. 🔲 Ascoltate il dialogo e indicate i vari significati di *"mm"*.

Tu non hai mai mangiato la mia torta di mandorle?

Mh?
La mia torta di mandorle, è meravigliosa.
Hmm!
Ma se non l'hai mai provata! Ne vuoi un pezzo?
Hm!
Tieni. È buona eh?
Hmhm!
Lo sapevo, è splendida come sempre!
Hmm!
Mhm, che nervi! Ma non sai parlare?!

2. Riascoltate il dialogo, fermatevi dopo ogni battuta e ripetete. Provate a imitare i diversi *"mm"*.

3. Leggete il dialogo in coppia.

Accento - parole di tre e quattro sillabe.

1. Leggete le parole in silenzio e dividete quelle che hanno lo stesso accento di *cambiare* da quelle che hanno l'accento di *mangiano, camminare, domenica.*

gomitolo, gomito, femmina, mistero, esame, manica, massimo, monumento, romantico, grammatica, numero, uomini, semaforo, tremendo, minimo, luminoso, muscolo, immagine, domestico, attimo, simile, memoria, programma, camomilla, matrimonio, meccanico, bambola, prossimo, bambino, promettere.

• ● • kam- ˈbia- re	● • • ˈman- ʤa- no	• • ● • kam- mi- ˈna- re	• ● • • do- ˈme- ni- ka
			gomitolo

2. Leggete le parole facendo attenzione alla posizione dell'accento.

Pronuncia e grafia

Il suono [m] si scrive *m* e *mm* quando è lungo [mm]:
mela, mamma.

1. 🔲 Ascoltate le parole senza senso. Sentirete due parole per ogni numero (A e B). Scrivete una ✗ quando il suono è lungo [mm].

	A	**B**
1.	☐	☐
2.	☐	☐
3.	☐	☐
4.	☐	☐
5.	☐	☐

2. Sentirete una parola per ogni numero. Scrivete una ✗ dove sentite il suono lungo [mm].

1. ☐   2. ☐   3. ☐   4. ☐   5. ☐

3. Leggete le seguenti parole e inseritele nelle frasi che seguono.

telegramma, grammo, immaginare, sommato, programma, gomma.

1. È arrivato un _____ : Maria ha superato l'esame.

2. Come mai non hai preparato un _____ di viaggio?

3. Tutto _____ preferisco partire dopodomani: ho più tempo per prepararmi.

4. Da quando faccio la dieta non sono dimagrito/a nemmeno un _____ .

5. Come potevo _____ che tu ancora dormivi?

6. Scusami se ho fatto tardi, ma mi si è bucata una _____ .

4. Trasformate le parole e inseritele nelle frasi che seguono.

1. fai *fammi*   , 2. stai _____ , 3. dai _____ , 4. di' _____

1. _____ un piacere, non scrivermi più, e non telefonarmi nemmeno.
2. Monica, _____ , ti è piaciuta la commedia?
3. Dai svelto, _____ una matita, altrimenti mi dimentico il numero che mi ha detto.
4. Allora Mario ti saluto, non lavorare troppo e mi raccomando
   _____ bene!

5. ⊚▭⊚ Ascoltate e scrivete le parole senza senso.

1. _____   2. _____   3. _____   4. _____

5. _____   6. _____   7. _____   8. _____

Imitazione 🔲

1. Queste frasi contengono tutti i suoni dell'italiano. Ascoltate e ripetete le frasi senza guardare il testo. Annotate i suoni che vi causano particolare difficoltà e ricordatevi di praticarli regolarmente.

1. Posso stare in Europa fino a gennaio.
2. Oggi sono stanco ho studiato tutto il pomeriggio.
3. Ho fatto un sogno terribile.
4. Non è lontano specialmente se vai in aereo.
5. Qui non c'è acqua calda da un paio di giorni.
6. L'hai comprato nel negozio sulla piazza?
7. Carlo è arrivato a mezzanotte con sua moglie.
8. Sto andando a fare una passeggiata.
9. Se finisci in tempo, vieni anche tu a cena da noi?
10. È difficile parlare una lingua straniera?
11. L'erba sui prati è ancora molto verde.
12. Dobbiamo camminare tutto il giorno.
13. Voglio comprare piatti e bicchieri nuovi.
14. Probabilmente a novembre vado a Firenze.
15. Pensi di accettare subito il suo invito?
16. Ho intenzione di smettere di usare l'automobile.
17. È un bel bambino, sempre allegro.
18. In agosto ci sono troppe persone all'università.
19. Che freddo, la temperatura è scesa sotto zero.
20. La benzina è molto cara.
21. Non abito più vicino alla ragazza di Angelo, da mesi.
22. Parlava con un uomo giovane, non so chi fosse.
23. Se non ti sbrighi perdi il treno, sono già le sette.
24. Perché mangi tante mele?
25. Il dolce al caffè è davvero squisito.
26. È una persona sincera e di cuore, l'unica di fiducia.
27. Guardati allo specchio per vedere la tua bocca.
28. Ho pagato anche per Grazia e Sonia.

2. Leggete le frasi.

Suoni

Regioni

Piemónte
Valle d'Aòsta
Lombardìa
Trentìno-Alto Àdige
Vèneto
Friùli-Venèzia Giulia
Ligùria
Emìlia-Romàgna
Toscàna
Ùmbria
Màrche
Làzio
Abrùzzo [aˈbrutsːtso]
Molìse
Campània
Pùglia
Basilicàta
Calàbria
Sicìlia
Sardégna

Lavorate in coppia (A e B). **A** chiede a B: *"Dove si trova Catanzaro?"* **B** risponde: *"In Calabria"*, oppure: *"Vicino a Crotone"*.

Principali città

Agrigènto
Alessàndria
Ancóna
Aòsta
Arézzo [a'retsːtso]
Àscoli Picèno
Àsti
Avellìno
Bàri
Bellùno
Benevènto
Bèrgamo
Bièlla
Bológna
Bolzàno [bol'tsaːno]
Bréscia
Brìndisi
Càgliari
Caltanissétta
Campobàsso
Casèrta
Catània
Catanzàro [katan'dzaːro]
Chiéti
Còmo
Cosènza [ko'zɛnːtsa]
Cremóna
Crotóne
Cùneo
Ènna
Ferràra
Firènze [fi'rɛnːtse]
Fòggia
Forlì
Frosinóne

Gènova
Gorìzia [go'ritsːtsja]
Grosséto
Impèria
Isèrnia
L'Àquila
La Spèzia [las'pɛtsːtsja]
Latìna
Lécce
Lécco
Livórno
Lòdi
Lùcca
Maceràta
Màntova
Màssa
Matèra
Messìna
Milàno
Mòdena
Nàpoli
Novàra
Nuòro
Oristàno
Pàdova
Palèrmo
Pàrma
Pavìa
Perùgia
Pésaro
Pescàra
Piacènza [pja'tʃɛnːtsa]
Pìsa
Pistóia
Pordenóne

Potènza [po'tɛnːtsa]
Pràto
Ragùsa
Ravénna
Règgio Emìlia
Riéti
Rìmini
Róma
Rovìgo
Salèrno
Sàssari
Savóna
Sièna
Siracùsa
Sóndrio
Tàranto
Tèramo
Tèrni
Torìno
Tràpani
Trénto
Trevìso
Trièste
Ùdine
Urbìno
Varése
Venèzia [ve'nɛtsːtsja]
Vercèlli
Veróna
Vibo Valèntia
  ['vibo va'lɛnːtsja]
Vicènza [vi'tʃɛnːtsa]
Vitèrbo

Isole

Gorgóna
Capràia
Élba
Pianósa
Gìglio
Montecrìsto
Giannùtri
Maddalèna

Caprèra
Asinàra
S. Piètro
S. Antìoco
Isole Ponziàne
  [pon'tsjaːne]
Ìschia
Càpri

Eòlie
Lìpari
Ùstica
Ègadi
Pantellerìa
Trèmiti

Accento

1. Leggete le parole controllando l'accento forte e medio.

[sod ˌdis fats 'tsjoː ne]

· ● · ● ·

[tʃokˌkolaˈtiːno]   [abˌbandoˈnaːre]   [moˌtotʃiˈkletːta]

[asˌsotʃatsˈtsjoːne]   [komˌpozitsˈtsjoːne]   [abˌbrondzaˈtuːra]

2. Qual è la parola giusta? Leggete le frasi utilizzando una delle due parole tra parentesi, secondo il contesto.

1. Se (desìderi-desdèri) uscire, fammelo sapere.
2. (Vèstiti-Vestìti) dobbiamo uscire!
3. Non ho più i guanti li ho (diménticati-dimenticàti) a casa tua.
4. Vuoi un consiglio? (cómprati-compràti) le lenti a contatto.
5. Se (càpito-capìto) in centro ti vengo a trovare.
6. Ho (sùbito-subìto) per anni il fumo delle sue sigarette, mi dice sempre che sono (lèggere-leggére).
7. Mi raccomando (ricòrdati-ricordàti) della festa di compleanno.
8. (Vèstiti-Vestìti)! Perché ne compri così tanti?
9. Dimmi quali sono i tuoi (desìderi-desdèri).
10. Sì, io i dolci li ho (cómprati-compràti), ma loro si sono (ricòrdati-ricordàti) del vino?
11. (Diménticati-Dimenticàti) di poter (lèggere-leggére) tutto il giorno, dobbiamo uscire.
12. Ha (sùbito-subìto) (càpito-capìto) che ero molto stanco/a.

Enfasi

1. Sono al bar e chiedo un caffè freddo macchiato. Il cameriere mi fa una domanda e io ripeto *"Voglio **un** caffè freddo macchiato"*.
Che cosa ha chiesto il cameriere?

a) Vuole due caffè freddi macchiati?
b) Vuole un latte macchiato?
c) Vuole un caffè lungo?

2. Sono a casa, ho detto a mio fratello che la mamma ha comprato un dolce. Mio fratello mi fa una domanda e io ripeto: *"La mamma ha comprato un dolce"*.
Che cosa mi ha chiesto mio fratello?

a) Hai comprato un dolce?
b) La mamma ha fatto un dolce?
c) La mamma ha comprato un gelato?

3. Sono a casa ho detto a mia sorella che ho mangiato una scatola di cioccolatini. Mia sorella mi fa una domanda e io ripeto: *"Ho mangiato una scatola di cioccolatini"*.
Che cosa mi ha chiesto mia sorella?

a) Hai mangiato una scatola di caramelle?
b) Hai comprato una scatola di caramelle?
c) Hai mangiato un cioccolatino?   ⚷

Leggete le frasi.

1. Voglio *un caffè* freddo macchiato.
2. Voglio un caffè *freddo* macchiato.
3. Voglio un caffè freddo *macchiato*.

1. *La mamma* ha comprato un dolce.
2. La mamma *ha comprato* un dolce.
3. La mamma ha comprato *un dolce*.

1. *Ho mangiato* una scatola di cioccolatini.
2. Ho mangiato *una scatola* di cioccolatini.
3. Ho mangiato una scatola *di cioccolatini*.

Intervallo

È arrivato un bastimento...

È un gioco tradizionale italiano e si fa in gruppo. (A, B, C, D...). **A** comincia dicendo la frase: *È arrivato un bastimento carico di....*
Fa una pausa e poi all'improvviso mentre dice un suono, da lui scelto, dell'alfabeto italiano, lancia una palla di carta a qualcuno che non se l'aspetta.

A: È arrivata una nave carica di... *M.*
B: mele

Se chi riceve la palla di carta non ha la risposta pronta non prende il punto e la palla torna a chi l'ha lanciata.
Se risponde subito tiene la palla di carta e la lancia a sua volta a un'altra persona e avanti così, passando da un suono all'altro.

Suggerimenti:

È possibile che i suoni vengano confusi. Ad es.: uno studente dice [ʤ] e l'altro capisce [ʧ], quindi A deve chiarire, dicendo una parola con il suono da lui scelto.

INDICE

Finito di stampare nel mese di dicembre 2004
da Guerra guru s.r.l. - Via A. Manna, 25 - 06132 Perugia
Tel. +39 075 5289090 - Fax +39 075 5288244
E-mail: geinfo@guerra-edizioni.com